AF567818
Kremmener
Swinemünder Straße
Ruppiner Straße
Wolliner Straße
Schwedter Straße
Fürstenberger Straße
Arkonaplatz
Granseer Straße
Zionskirchstraße
Griebenowstraße
Zionskirchplatz
Zionskirche
Fehrbelliner Straße
Kastanienallee
Veteranenstraße
Choriner Straße
Brunnenstraße
Volkspark am Weinbergsweg
Weinbergsweg
Zehdenicker Straße
Rosenthaler Pl.
Rosenthaler Platz
Torstraße
Rosenthaler

Die
Rosenthaler Vorstadt

Wolfgang Feyerabend

Bernauer Straße 8a | 10115 Berlin
Telefon +49. 30. 34709515 | Fax +49. 30. 34709516
www.lh-verlag.com

Autor Wolfgang Feyerabend
Lektorat Sandra Rosenkranz und Thies Schröder, L&H Verlag
Layout, Satz und Umschlaggestaltung Doreen Lemke, Berlin
Coverfoto Josty-Brauerei © Klaus Bädicker
Architekten der Sanierung: Professor Dipl.-Ing. Klaus Lattermann & Dipl.-Ing. Barbara Maria Elwardt
Herstellung Mareike Hutsky
Bildbearbeitung typegerecht berlin
Druck und Bindung Westermann Druck Zwickau GmbH

Bibliografische Information der Deutschen Bibliothek
Die Deutsche Bibliothek verzeichnet diese Publikation in der Deutschen Nationalbibliografie. Detaillierte bibliografische Daten sind im Internet über http://dnb.ddb.de abrufbar.

ISBN 978-3-939629-28-3
1. Auflage 2015

Inhalt

4 Am Lack kratzen

10 Die Handwerkerkolonie Neu-Voigtland – Eine Gründung Friedrichs II.

18 Die Wülcknitzschen Familienhäuser

26 Die St. Elisabeth-Kirche

32 Der St. Elisabeth-Kirchhof

36 Die Erweiterungen des Viertels und der Hobrecht-Plan

44 Meyers Hof

52 Ein Vorstadtviertel wird zum Großstadtrevier

64 In der NS-Zeit

70 „Auferstanden aus Ruinen"

74 Vom Mauerbau zum Mauerfall

82 In die Mitte gerückt

88 Persönlichkeiten des Viertels

108 Der Sophienfriedhof II

120 Kleiner Architektur(ver)führer

144 Anmerkungen

146 Namensregister

154 Ortsregister

160 Bildnachweis

OBEN: Rosenthaler Platz

UNTEN: Bis 1860 stand hier das Rosenthaler Tor

Am Lack kratzen

Wer aus Richtung des Hackeschen Marktes kommend am Rosenthaler Platz die Torstraße überquert, passiert eine historische, wenn auch längst unsichtbare Stadtgrenze. Hier stand bis in die 1860er Jahre das Rosenthaler Tor, das zu der die preußische Haupt- und Residenzstadt umschließenden Zoll- und Akzisemauer gehörte. Von der „Circumvallationslinie" leitet sich der Name der Linienstraße ab, die noch vor knapp 150 Jahren die nördlichste Straße Berlins bezeichnete.

Vor dem Rosenthaler und dem Hamburger Tor war ab 1752 eine neue Vorstadt angelegt worden. Sie stellt das einzige und zugleich ehrgeizigste Berliner Stadterweiterungsprojekt dar, das König Friedrich II. in Angriff nehmen ließ. Geplant für die Ansiedlung von Maurern und Zimmerleuten aus dem Voigtland, die er zum Ausbau Berlins ins Land geholt hatte, wurde das Gebiet zwischen Brunnen- und Gartenstraße sowie zwischen Invaliden- und Torstraße zunächst Neu-Voigtland genannt, ehe es im 19. Jahrhundert den Namen Rosenthaler Vorstadt erhielt.

Infolge des Siebenjährigen Krieges entwickelte sich die privilegierte Siedlung jedoch bald schon zur Gegend der Stadtarmut. Ein Ruf, der dem Viertel bis ins 20. Jahrhundert hinein anhaften sollte. „Wenn du nicht folgst, bringen wir dich in die Ackerstraße", war eine gängige elterliche Drohung, die noch lange Wirkung zeitigte.

Wohl nicht zufällig führt es den aus der Haft entlassenen Franz Biberkopf in Alfred Döblins Roman „Berlin Alexanderplatz" zuerst in diese Gegend: „Man riß das Pflaster am Rosenthaler Platz auf, er ging zwischen den anderen auf Holzbohlen. Man mischt sich unter die andern, da vergeht alles, dann merkst du nichts, Kerl. Figuren standen in den Schaufenstern in Anzügen, Mänteln, mit Röcken, mit Strümpfen und Schuhen. Draußen bewegte sich alles, aber – dahinter – war nichts! Es – lebte – nicht! Es hatte fröhliche Gesichter, es lachte, wartete auf der Schutzinsel gegenüber Aschinger zu zweit oder zu dritt, rauchte Zigaretten, blätterte in Zeitungen."[1]

Die Rosenthaler Vorstadt, die auf eine überaus wechselvolle Geschichte zurückblickt und im Laufe der Zeit mehrfach erweitert wurde, umspannt heute ein Areal zwischen Garten- und Schwedter-/Choriner Straße sowie zwischen Bernauer Straße und Torstraße. Sie schließt bauliche Zeugnisse des Klassizismus wie die St. Elisabeth-Kirche bis hin zur klassischen Moderne wie das Stadtbad Mitte ein. Beinahe unnötig zu erwähnen, dass das zum Ortsteil Mitte gehörende und dem Prenzlauer Berg benachbarte Quartier zu einem inzwischen angesagten, aber eben auch teuren Pflaster der Bundeshauptstadt zählt.

In den Räumen von Aschingers Speisewirtschaft empfängt das Restaurant St. Oberholz die Gäste. Statt billiger Konfektionsläden gibt es Imbissgeschäfte und Einkehrgelegenheiten. Allein eingangs der Brunnenstraße zähle ich sieben. Schüler des John-Lennon-Gymnasiums aus der nahen Zehdenicker Straße 17/18, Jungunternehmer aus den Hinterhöfen des Viertels und Touristen aus allen Himmelsrichtungen stillen den Hunger zwischendurch. Verschwunden ist die Heinrich-Heine-Buchhandlung, nachmals Buchhandlung Starick. Vom Stillen des Lesehungers lässt sich hier keine Ladenmiete mehr bezahlen.

Auf dem Rosenthaler Platz trafen sich am 4. November 1989 die Mitglieder des Neuen Forums aus den umliegenden Vierteln, um gemeinsam zu der von den Ostberliner Theaterschaffenden aufgerufenen Demonstration gegen das SED-Regime zu ziehen. Es war eine fröhliche, fast übermütige Stimmung. Transparente mit witzigen, spöttischen Aufschriften wurden entrollt, die den grauverhangenen Vormittag vertrieben und die Angst, die noch in vielen steckte.

Verblassende Erinnerungen an eine sich wiedervereinende und rasant verändernde Stadt. Der Spielwarenladen an der Ecke uns gegenüber verwandelte sich über Nacht in ein Geschäft für Unterhaltungselektronik und die Konsum-Kaufhalle in der Gartenstraße in einen Supermarkt. Bestand hatte weder das ei-

Demonstration am 4. November 1989 auf dem Rosenthaler Platz

ne noch das andere. An der Stelle des Supermarktes stehen heute neue Häuser mit Eigentumswohnungen und dort, wo ehemals Stereoanlagen und Farbfernseher reißenden Absatz fanden, bittet das Restaurant Spaghetti Western zu Tisch.

Das Berliner Tempo macht schwindlig. Und wenn ich mir nicht aus einer Laune heraus das „Fernsprechbuch für die Hauptstadt der Deutschen Demokratischen Republik Berlin, Ausgabe 1989“ zugelegt (obwohl ich seinerzeit gar keinen Telefonanschluss besaß) und aufbewahrt hätte, wüsste ich vermutlich kaum noch, wo sich was befand und wie der Schuhmacher in der Schröderstraße oder der Inhaber des Wachstuchgeschäftes in der Brunnenstraße hieß.

Da lese ich, dass es in der Brunnenstraße 191 das HO Café Zentra gab. Ich glaube, ich bin kein einziges Mal dort gewesen. Wahrscheinlich schreckten mich schon die Schaufenster ab. Häufig war ich dagegen in der Speisegaststätte Koch in der Brunnenstraße 165. Meist ging ich in den Schulferien mit meinen Söhnen hin, wenn ich keine Lust zum Kochen hatte. Für zehn Mark zu dritt gab's Mittagsportionen und rote Grütze. Wir saßen unter Arbeitern der umliegenden Betriebe und unter Rentnern. Letztere allem Anschein nach fest gewillt, den Arbeiter- und Bauernstaat mit ihrem Verzicht auf eine dauerhafte Ausreise in den Westen zu ärgern.

Puppentheater „Mirakulum“ in der Brunnenstraße 35

An Foto Borch, Brunnenstraße 8, erinnere ich mich gut wegen der Fotos, die ich mir für den DDR-Pass, später den bundesdeutschen Pass anfertigen ließ. Fotofachgeschäfte sind ringsum verschwunden. Bei Bedarf schwinge ich mich aufs Rad und fahre zum Viktoria-Luise-Platz. So halte ich mich fit und lerne nebenher die Stadt besser kennen.

In der Brunnenstraße 188–190, dem „Industriehaus Rosenthaler Tor“, befand sich der „Metallurgiehandel VE Außen- u. Binnenhandelsbetrieb der DDR“. Meine Frau bewarb sich und wurde zu einem Einstellungsgespräch eingeladen. Für die Aufnahme einer Tätigkeit war allerdings der Abbruch privater Kontakte ins nichtsozialistische Ausland unabdingbare Voraussetzung. Das kam nicht in Frage.

Der Puppenspieler Thomas Mierau mit seinem Theater „Mirakulum“ in der Brunnenstraße 35, die Klavierbauwerkstatt von Bernhard Skibbe in der Brunnenstraße 37 oder das Blumenhaus Nord von Peter Pflanz in der Ackerstraße 146 gehören zu den raren Unternehmungen in der Rosenthaler Vorstadt, die der Mangelwirtschaft trotzten und nun den rauen Bedingungen der Marktwirtschaft standzuhalten versuchen.

Viel Neues entstand in den letzten Jahren. Jüngstes Beispiel ist das im Juni 2014 in der ehemaligen Schlesischen Weizenbierbrauerei, Rheinsberger Straße 76/77, eingeweihte Gründerzentrum Factory, das die Gründung und Finanzierung von Startup-Firmen wie auch deren Vernetzung untereinander zu verbessern sucht und dabei von Google und Twitter unterstützt wird.

Schon seit längerem unterhält der Allgemeine Deutsche Fahrrad-Club Berlin e. V. (adfc) seine Berliner Geschäftsstelle und Ladenräume in der Brunnenstraße 28. Die von ihm initiierten Fahrradsternfahrten, die für die Nutzung des Rades in der Stadt werben, aber auch auf Mängel beim weiteren Ausbau einer entsprechenden Infrastruktur aufmerksam machen, erhalten von Jahr zu Jahr mehr Zulauf.

Unlängst eröffnete in der Anklamer Straße 14b/Ecke Brunnenstraße der kleine Supermarkt KOSHERLIFE. Er erinnert nicht nur daran, dass es einst ein reiches jüdisches Leben im Viertel gab, sondern lässt auch darauf hoffen, dass es sich allmählich wieder entwickelt.

In der Brunnenstraße 143 lädt das Theater in den Unterwelten ein. Der Verein Berliner Unterwelten e. V. erwarb sich große Meriten, die Geschichte der nach dem Mauerbau angelegten Fluchttunnel zu erforschen und ins öffentliche Bewusstsein zu rücken.

Geradezu zu einem Magnet für Besucher aus aller Welt ist inzwischen die Mauergedenkstätte an der Bernauer Straße geworden. Nicht in jedem Fall tritt Geschichte so offen zutage wie hier. Als ich in die Rosenthaler Vorstadt zog, ließ sich den teilweise zerschossenen, fast ausnahmslos aber zerschründeten Häuserfassaden noch ihr Alter, ihre Vergangenheit ansehen. Die Erneuerung, der das Viertel unterzogen wurde, war unerlässlich und macht doch zuweilen vergessen, dass es ein Leben davor gab. Insofern kann es nicht schaden, am Lack zu kratzen und die darunter verborgenen Schichten freizulegen. Nicht mehr und nicht weniger will auch dieses Buch.

Wolfgang Feyerabend

Hamburger Tor, um 1860

Die Handwerkerkolonie Neu-Voigtland – Eine Gründung Friedrichs II.

Bereits als Kronprinz hatte Friedrich II. gemeinsam mit dem Baumeister Georg Wenzeslaus von Knobelsdorff Pläne zum repräsentativen Ausbau Berlins erarbeitet, die er nach seiner Thronbesteigung 1740 zügig umsetzte. Damit einher hing die Anwerbung von ausländischen Fachkräften, insbesondere Maurern und Zimmerleuten aus dem sächsischen Voigtland. Auf Dauer nicht hinnehmbar schien dem König aber, dass diese bei Einstellung der Bautätigkeit im Herbst regelmäßig in ihre Heimatorte zurückkehrten und den hier verdienten Lohn dem Wirtschaftskreislauf in Preußen entzogen. Die Kolonie Nowawes bei Potsdam vor Augen, wo es gelungen war, Weber aus Böhmen anzusiedeln, suchte er danach, auch die voigtländischen Handwerker ansässig zu machen.

In einer Kabinetts-Ordre vom 22. September 1751 beauftragte er den Stadtkommandanten Hans Christoph Friedrich Graf von Hacke, entsprechende Überlegungen zu prüfen: „Nach meiner Idee würde der Platz vor dem Hamburger Thore, in der Gegend, wo jetzo der Galgen stehet, (als welcher letzterer auf dem Wege nach Ruppin hin am Walte, transportirt werden könnte) zu solchen etablissements vor diese Leute am convenablesten seyn, welcher zuvor ordentlich aufgenommen und in Quartiere und Straßen eingetheilet werden müßte, aber alsdann jeder dererselben mit einem kleinen Hause angesetzet und ihm ein ziemlich räumlicher Gartenfleck, nebst einem Stück Landes (so wie es hier geschehen) gegeben werden könnten, da sie, wenn ihre Maurer- und Zimmer-Arbeit vorbey, im Winter leben und sich außerdem durch Spinnen und dergleichen Arbeit ganz reichlich ernehren könnten, und zwar dieses um so mehr, als meine intention ist, daß solches Quartier alsdann nicht mit unter der accise gezogen werden, sondern sie davon gäntzlich befreyet bleiben

Das Rosenthaler Thor, 1868

sollten. Ihr habet sonach alles dieses reiflich zu überlegen, auch ein ordentliches project zu meiner näheren Einsicht davon zu fertigen, wobei Ich Euch aber nochmahlen erinnere, daß dieses ein Plan ist, womit allererst im künftigen Jahre der Anfang gemacht werden kann."[2]

Der König, der die Gegend durch seine Besuche im Invalidenhaus kannte, gedachte freilich, noch ein weiteres Problem in den Griff zu bekommen. Für den Ausbau Berlins wie auch für die Errichtung der Zoll- und Akzisemauer, die im Norden und Osten anfangs nur aus einem Palisadenzaun bestand, war seit der Regierungszeit Friedrich Wilhelms I. der Wald vor dem Hamburger Tor abgeholzt worden mit der Folge, dass sich Flugsand ungehindert ausbreitete und das Gebiet mehr und mehr in eine unfruchtbare Wüstenei verwandelte. Die Errichtung von Wohnhäusern sollte Abhilfe schaffen.

Am 30. Mai 1752 begann in Anwesenheit des Stadtkommandanten Graf von Hacke und des Polizeipräsidenten Karl David Kircheisen die Verlosung der Parzellen. Die Bebauung scheint rasch vorangeschritten zu sein, denn schon am 19. Dezember des Jahres wurden erste Häuser feuerversichert.[3] 1754 waren die letzten Wohngebäude fertig gestellt.

Entlang dreier Trassen, die zunächst nur nummeriert waren und die allgemeine Bezeichnung Voigtlandstraßen trugen, entstanden vier Reihen mit je 15 Parzellen. 1801 erfolgte die offizielle Benennung der drei Erschließungswege in Brunnen-, Acker- und Bergstraße. Die Breite der Flurstücke betrug mit wenigen Abweichungen 20,88 Meter. Die beiden ersten Reihen (Westseite der Brunnenstraße und Ostseite der Ackerstraße) wiesen eine Tiefe von 120,58 Meter, die dritte und vierte Reihe eine Tiefe von 58,26 Meter auf. Während die Ackerstraße beidseitig entwickelt wurde, blieb die Ostseite der Brunnenstraße wie auch die Westseite der Bergstraße vorerst unbebaut.

Im Norden von der nachmaligen Invalidenstraße und im Süden vom Weg an der Stadtmauer (Torstraße) begrenzt, erhielt die Siedlung nach ihren Bewohnern den Namen Neu-Voigtland oder kurz: Voigtland. Zugang aus der Stadt gewährten das Hamburger und das Rosenthaler Tor. Erschließungsarbeiten und Brunnenbauten wurden auf königliche Kosten vorgenommen, Grundstücke und Material für den Hausbau unentgeltlich zur Verfügung gestellt. Die Häuser selbst mussten von den Handwerkern in Eigenregie errichtet werden. Pro Haus standen 300 Taler Baugeld zur Verfügung, von denen u. a. die Transportkosten für das Baumaterial zu bestreiten waren. Nicht überliefert ist, welche Kriterien zur Antragstellung berechtigten. Vorausgesetzt wurde jedoch, dass die Bauwilligen verheiratet waren.

Nachdem am 12. September 1752 die Aushändigung der Grundbriefe begonnen hatte, drohte erster Ärger. Mehrere der Handwerker suchten Hypotheken aufzunehmen, um den Ausbau ihrer Häuser zu beschleunigen. Friedrich ordnete an, „derartige Gesuche ‚platt‘ abzuweisen. Die Grundbriefe wurden zurückgefordert, später neu ausgestellt. Darin war vermerkt, dass auf jedem Hause 200 Taler als erste Hypothek verbleiben [durften], ohne verzinst zu werden. So abgefasst, sollten die Grundbriefe verhindern, dass die Kolonisten ihre Grundstücke schnell verschulden ließen und dann außer Landes gingen. Die Grundbriefe wurden zunächst den Meistern ausgehändigt, von diesen verwahrt und

Kolonistenhaus, 1885

den Kolonisten erst dann übergeben, wenn der Ausbau der Häuser abgeschlossen war.“[4]

Die Wohngebäude entstanden nach einem Mustergrundriss in Traufstellung zur Straße als freistehendes, eingeschossiges Kolonistenhaus von fünf Achsen mit mittigem Eingang und Satteldach. Die Außenwände, „Holzfachwerkkonstruktionen mit Lehmwickelfächern“, ruhten auf einem „niedrigen massiven Sockel aus Rüdersdorfer Kalkstein“.[5] Jeweils zwei Familien teilten sich als Eigentümer Haus und Grundstück. Wahrscheinlich nur Meistern war ein eigenes Anwesen vorbehalten. Die einzelnen Wohnungen hatten „je 1 Stube (nach der Straße) und je 1 Küche und 1 Kammer (nach dem Hof)“.[6] Da das Zusammenleben zweier Familien unter einem Dach aber wohl von Anfang an Zündstoff barg, wurden in den Hausfluren alsbald Trennwände gezogen, separate Eingänge geschaffen und zweite Schornsteine aufgeführt. Dies zog die Teilung der Grundstücke nach sich.

Bauabnahmeprotokolle sind nicht überliefert, anzunehmen ist aber, dass die Wohngebäude zum überwiegenden Teil von solider Qualität waren. Bei den Ausführenden handelte es sich ja um Bauleute, die man aufgrund ihrer Erfahrungen und Fertigkeiten ins Land geholt hatte. Dass dennoch keine zwanzig Jahre später etliche Häuser schon in beklagenswertem Zustand waren und abgerissen werden mussten, dürfte weniger an den Voigtländern gelegen haben als an den sozialen Verwerfungen, die der Siebenjährige Krieg (1756 bis 1763) mit sich brachte.

Anders als die beiden vorangegangenen Schlesischen Kriege, die kaum Auswirkungen auf Berlin gehabt hatten, setzte der neuerliche Krieg dem Wirtschaftsleben und besonders dem Baugewerbe schwer zu. Das städtebauliche Großprojekt des Forum Fridericianum, von dem nur das Königliche Opernhaus Unter den Linden fertig gestellt worden war, ruhte, und auch private Auftraggeber hielten sich angesichts der unsicheren Zeiten zurück. Außerdem führte die Geldpolitik Friedrichs, der zur Finanzierung des Krieges minderwertige Münzen prägen ließ, zu einer inflationären Entwicklung.

Als Maurer- und Zimmergesellen gehörten die Voigtländer zu denen, die die wirtschaftliche Krise sofort zu spüren bekamen. Weder die Befreiung von der Akzise, der Verbrauchssteuer, noch die ihnen im Winter eingeräumte Möglichkeit, sich durch Spinnen und Weben einen Nebenverdienst zu schaffen, dürften den Einkommensverlust ausgeglichen haben. Mangels finanzieller Mittel scheinen dann auch dringende Reparaturen an den Häusern unterblieben zu sein. Aus- und Umbauten wiederum, die nötig wurden, weil sich die Familien vergrößerten oder man sich durch Vermietung zusätzliche Einnahmequellen erschließen musste, konnten offenbar nur behelfsmäßig durchgeführt werden. Einträgliche Mietgewinne ließen sich mit solchen Unterkünften nicht erzielen. In die so entstanden Wohnungen drängten größtenteils unbemittelte Schichten, darunter Handlanger und Tagelöhner, Witwen und Invaliden. All das trug zum sozialen und letztlich baulichen Verfall des Viertels bei.

Obwohl es den Kolonisten untersagt war, ihre Grundstücke an Einheimische zu veräußern, traten in den 1760er Jahren erstmals neue Eigentümer auf. 1775 war bereits mehr als ein Fünftel der Häuser nicht mehr im Besitz der Voigtländer. Der Realität Rechnung tragend, verfügte die Kurmärkische Kriegs- und Domänenkammer 1790, „daß auch Inländer die Grundstücke kaufen könnten und unter dem 6. Januar 1801, daß es keines Consenses zur Aufnahme von Hypotheken mehr bedürfe".[7]

Mit einer Vielzahl von Maßnahmen suchte Friedrich der Große, wie er seit Ende des mehr als glücklich gewonnenen Siebenjährigen Krieges genannt wurde, die Wirtschaft wieder in Gang zu setzen. Dabei fiel sein Blick erneut auf das Voigtland, das er 1770 durch eine vierte Trasse, die Gartenstraße, erweitern ließ. Geplant war hier die Ansiedlung von hundert ausländischen Gärtnerfamilien. Stattdessen kamen nur 10 Familien. Neben der Tatsache, dass sich das Viertel längst keines guten Rufes mehr erfreute, schreckte ab, dass auf „einigen Grundstücken [...] der Sand erst 12 Fuß [3,77 Meter, Anm. d. Verf.] auf anderen 16 Fuß [5,02 Meter, Anm. d. Verf.] tief abgegraben und weggefahren werden musste, ehe die Pflanzungen fortgingen".[8]

Aber selbst diejenigen, die sich von den Widrigkeiten nicht abhalten ließen, machten schnell die Erfahrung, dass die gärtnerischen Erträge aufgrund der kargen Böden zu gering waren, um den Lebensunterhalt davon zu bestreiten. Alternativen waren gefragt. Da vor den Toren keine Akzise erhoben wurde, bot sich in Konkurrenz zur städtischen Gastronomie der preiswerte Ausschank von Bier und Kaffee an. Und in der Tat „wurden nun auch Vergnügungs-Lokale für diejenigen Berliner angelegt, die sich gern im Sande die Füße vertreten. Schon 1783 legte Adelmann auf seinem Grundstück vor dem Hamburger Tor Nr. 4 das Wirtshaus zur Stadt Gera an, wobei zur Veränderung der Gäste eine Russische Schaukel und ein Caroussel benutzt wurden. Andere folgten diesem Beispiel. So kaufte 1804 ein gewisser Berger das Grundstück Gartenstraße Nr. 10, wo er zwei Kegelbahnen, einen Tanzsaal und ein Caroussel anlegte."[9]

Mochten diese Vergnügungsstätten auch ihren Betreibern das Überleben gesichert haben, zur Aufwertung des Quartiers leisteten sie keinen Beitrag. Polizeikommissar Ebell, der dem

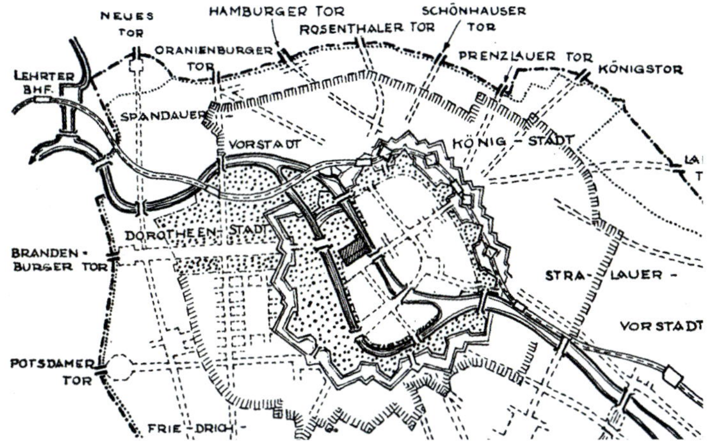

Entwicklung des Berliners Stadtbilds vom Mittelalter bis zum Beginn des 19. Jahrhunderts

1800 gegründeten Revier 19 vorstand, wurde der Probleme nicht Herr. Beim Polizeipräsidium bat er um Verstärkung und begründete dies damit, dass „die Handwerksburschen und Tagelöhner […] die zügellos sonnabends, sonntags und montags ihr Faß feiern, zu stark für“ ihn seien.[10] Sein Gesuch wurde aus finanziellen Gründen abgewiesen.

Ebell, der augenscheinlich mehr als nur seinen Dienst versah, scheint sich zutiefst um die Zukunft des Viertels gesorgt zu haben. Er regte die Namensgebung der Voigtlandstraßen in Brunnen-, Acker-, Berg- und Gartenstraße an und schlug vor, das Gebiet in Berliner Vorstadt umzubenennen, „denn es ist denen Gewerbetreibenden sehr zum Nachteile, sobald sie den Namen Voigtland nennen. Für denen jenigen, so Kapitalien suchen, macht es einen großen Anstoß, denn die Creditores sind gleich abgeneigt, sobald sie diesen Namen hören; und hierdurch werden also würklich ganze Familien außer Stand gesetzt“.[11]

Letzterer Vorschlag fand zwar kein Gehör, doch wurde bald darauf der offizielle Name Rosenthaler Vorstadt eingeführt. An der sozialen Situation der hier Lebenden änderte sich nichts.

Wohnhaus Berlin-Mitte, ca. 1810

Die Wülcknitzschen Familienhäuser

Den endgültigen Absturz der Rosenthaler Vorstadt zu einer Gegend der Stadtarmut besiegelte der Bau der so genannten Wülcknitzschen Familienhäuser. Eduard Kuntze, Pfarrer an der St. Elisabeth-Kirche und Chronist des Viertels, schrieb 1855: „Der immer größere Andrang von kleinen Leuten nach der Vorstadt und der Mangel an Wohnungen veranlaßte eine Speculation eigner Art. Der Kammerherr von Wülcknitz kaufte einen bedeutenden Bauplatz vom Gärtner Christian unmittelbar am Hamburger Tor, links in der Gartenstraße, und erbaute vom Jahre 1820–24 fünf Häuser aus schlechten Steinen und schlechtem Holz mit Lehmstaaken, wo eine Stube von zwei Fenstern als Wohnung für eine arme Familie bestimmt wurde. Die Häuser sind gewöhnlich unter dem Namen der ‚Familienhäuser' bekannt und heißen: Gartenstraße Nr. 92, ‚das lange Haus', Nr. 92a ‚das Querhaus', Nr. 92b ‚das Schulhaus', Nr. 93 ‚das kleine Haus' und Nr. 94 ‚das Kaufmannshaus'."[12] Es handelte sich um die heutigen Grundstücke Gartenstraße 111–115.

Baron Heinrich Otto von Wülcknitz, Erbe mehrerer Rittergüter im Umkreis von Bernau, zu denen auch ausgedehnte Waldungen gehörten, betrieb einen schwunghaften Holzhandel und beabsichtigte zuerst wohl nur, vor dem Hamburger Tor einen Holzlagerplatz anzulegen und ein Wohnhaus für sich zu errichten. Angesichts der veränderten wirtschaftlichen Situation Berlins änderte er jedoch seinen Plan.

Nach den Befreiungskriegen und dem Sieg über Napoleon hatten sich Handel und Gewerbe zusehends erholt. Dazu trug die unter Reichsfreiherr von und zum Stein erarbeitete und 1808 verabschiedete „Städteordnung" ebenso bei wie die teilweise rechtliche Gleichstellung der Juden, die Aufhebung des Zunftzwanges oder die Abschaffung der Erbuntertänigkeit, die den Zuzug der Landbevölkerung in die Städte ermöglichte. Berlin als Motor der

Entwicklung zog Arbeitssuchende aus ganz Preußen an. Kehrseite der Medaille war der drastische Anstieg der Mieten. Die Allerärmsten konnten sich häufig genug nicht einmal mehr in den Vorstädten eine Wohnung leisten.

Hier setzte die Geschäftsidee des Barons an. Er ließ kasernenartige Bauten errichten, in denen unbemittelten Familien keine Wohnung, sondern lediglich eine Stube zur Verfügung gestellt wurde. Der Mietzins für eine solche Unterkunft war zwar geringer als für eine Wohnung, die massenhafte Unterbringung aber durchaus profitabel. In den Familienhäusern entstanden 426 Zimmer, in denen sich mehr als 2.500 Menschen drängten. Noch während des Bauens wurden die Keller vermietet. Eine Anzeige des Revierkommissars rief das Polizeipräsidium auf den Plan, das den Armenarzt beauftragte, der Sache nachzugehen.

Dr. Natorp bestätigte in seinem Bericht vom 7. Juli 1823 die Angaben des Polizeibeamten: „In dem noch unvollendeten von Wülcknitzschen Gebäude wohnen in der Tat in den Kellern schon eine bedeutende Anzahl von Familien. Die Decken dieser Keller sind nicht geschalt und gerohrt, sondern mit Lehmstroh angefertigt und überweißt. Die Masse ist auch jetzt so naß, daß das Wasser heruntertropft, wenn die Fenster nachts zugehalten werden. Die Betten ziehen daher Feuchtigkeit, und es fühlen sich dieselben deshalb ganz klamm an. Es ist keinem Zweifel unterworfen, daß diese Wohnungen vor dem völligen Austrocknen der Balken nicht hätten bezogen werden müssen und daß dieselben für die Gesundheit der Bewohner höchst nachteilig einwirken müssen, um so mehr, da die Öfen an den meisten Gemächern wegen der noch unvollendeten Schornsteine ganz unerträglich rauchen, wodurch außer dem Wasserdunst auch noch Rauch in den Wohnungen vorhanden ist.“[13]

Das Königliche Polizeipräsidium reagierte umgehend und verbot die Vermietung der Keller, solange sie noch nicht ausgetrocknet und die Schornsteine noch nicht fertig seien. Baron von Wülcknitz wies den Bewohnern Schlafstellen auf dem Heuboden des Hinterhauses sowie in Nebengelassen an, was die

Mieter allem Anschein nach aber nicht akzeptierten. Vier Tage später wandte sich der Gesundheitsbeamte Dr. Meyer wegen der unhaltbaren Zustände an die Armendirektion, die ihm mitteilte, dass die Polizei bereits Maßnahmen ergriffen habe. Dr. Meyer, der keine Veränderung feststellen konnte, ließ nicht locker. Das erneut eingeschaltete Polizeipräsidium verlangte daraufhin vom Revierkommissar Rechenschaft. Dieser meldete Baufortschritte und beschwichtigte, dass die Keller schon bedeutend trockener geworden seien. Dabei blieb es.

Dennoch bereitete die Ballung so vieler Menschen in nur wenigen Häusern den städtischen Stellen zunehmend Sorge. Immer mehr Bewohner erkrankten. Als noch gravierender wurde die um sich greifende sittliche Verwahrlosung empfunden. Oberbürgermeister Johann Stephan Gottfried Büsching hob in einem Bericht vom 30. September 1824 an Friedrich Wilhelm III. hervor: „Besonders nachteilig ist dies Beispiel für die zahlreiche Jugend, welche sich in den Häusern befindet, welche das fortdauernde Beispiel von Roheit und Unsittlichkeit vor sich sehen, das auch durch den besten Schulunterricht nicht wieder verwischt werden kann.“[14]

Nicht in der Lage schnelle praktische Hilfe zu leisten, geschweige denn die Ursachen des sozialen Elends zu beseitigen, ließen die staatlichen und kommunalen Stellen immer neue Prüfberichte und Gutachten in Auftrag geben. Währenddessen tanzte der smarte Baron den Behörden auf der Nase herum. Um die Mieteinnahmen zu sichern, hatte er inzwischen den Bewohnern gestattet, in ihren Stuben Untermieter und Schlafburschen aufzunehmen. Die nächtliche Fahndung nach einem polizeilich Gesuchten offenbarte noch einmal die ganze Misere in den Häusern: „Der p Rotte lag in der eben bezeichneten Wohnung bei der Witwe Büttner in Schlafstelle. Mit der 15jährigen Tochter seiner Schlafstellengeberin mußte er in einem sehr vertrauten Verhältnisse stehen, denn beide lagen auf einer Lagerstätte an der Erde. Die p Büttner selbst, eine Frau von 45 Jahren, befand sich mit einem anderen Schlafburschen namens Labeau, 34 Jahre alt, und einer jüngeren Tochter von 11 Jahren gleichfalls in einem Bette zusammen.“[15]

Erst 1828, vier Jahre nach Errichtung der Häuser, entschloss sich das Innenministerium, dem Eigentümer Auflagen zu erteilen. Neben baulichen und feuerpolizeilichen Forderungen, die von Wülcknitz selbstredend nicht umsetzte, wurde ihm untersagt, Schlafstellen zu vermieten bzw. deren Vermietung zuzulassen. Aufgrund dessen verweigerte er die Zahlung der mit ihm ausgehandelten Mietsteuerpauschale. Das zwang die Stadt, sich an die Mieter zu halten, um das Geld einzutreiben. Die veranlassten Pfändungen führten aber zu massiven Protesten und sogar handgreiflichen Tumulten seitens der Bewohner. Die Bitte des Magistrats, Militär zur Unterstützung der Massenpfändungen bereitzustellen, lehnte das Polizeipräsidium ab.

Für von Wülcknitz wurde die Lage trotzdem immer ungemütlicher. Das Polizeipräsidium strengte zudem eine Klage wegen Beleidigung gegen ihn an, die mit einer Verurteilung zu sechs Wochen Gefängnis und Zahlung der Gerichtskosten endete. Ob er die Haft antrat, ist nicht bekannt. Unter Hinterlassung immenser Hypothekenschulden setzte er sich jedenfalls bald nach Paris ab.

Neuer Eigentümer wurde im Januar 1831 der Gutsbesitzer Heinrich Ferdinand Wiesecke, unter dem sich für die Bewohner nichts änderte. Im gleichen Jahr stand Berlin vor einer Choleraepidemie. Wiesecke schlug dem Magistrat vor, alle hygienischen und sonstigen Vorkehrungen in den Familienhäusern auf seine Kosten vorzunehmen, wenn die dadurch entstehenden Mietdefizite aus öffentlichen Mitteln gedeckt würden. Ein Ansinnen, das die Stadt ablehnte. Anderthalb Jahre später in Zahlungsschwierigkeiten geraten, nahm auch er „bedeutende Hypotheken auf und ging nach kurzer Zeit mit dem Gelde wie sein Vorgänger nach Paris, wo er als homöopathischer Arzt sein Glück machte.“[16]

Das Königlich-Preußische Kammergericht wurde vorübergehend mit der Verwaltung der Häuser betraut, ohne dass es sofort gelang, einen Käufer zu finden. Schließlich erwarb der Kammergerichtsreferendar Friedrich Wilhelm Heyder 1834 bis 1836 die Häuser für symbolische Summen. Obwohl Belegungen der Stuben durch zwei Familien oder Untervermietungen nicht

Leben auf dem Hinterhof einer Mietskaserne, Berlin-Mitte, um 1896

mehr geduldet wurden und der neue Eigentümer auch eine Hausordnung einführte, gab es für die Mieter kaum durchgreifende Verbesserungen.

Im Vormärz befasste sich zunehmend die liberale Presse mit dem Fall. In einem Artikel für die Rheinische Zeitung berichtete 1842 der Schriftsteller und Publizist Karl Gutzkow über die Familienhäuser. Ein Jahr später veröffentlichte Bettina von Arnim ihre anklagende Schrift „Dies Buch gehört dem König". In ihrem Auftrag hatte der Schweizer Germanistikstudent Heinrich Grunholzer

Gespräche mit den Bewohnern geführt und Protokolle angefertigt, die sie dem Band beifügte. Erschütternde Schicksale wurden in den „Erfahrungen eines jungen Schweizers im Vogtlande" offenbar: „Gartenstraße 92a, Stube 71. Der Schneider Engelmann hat graue Haare, ist aber noch ganz munter. Seine Frau scheint bedeutend jünger zu sein; in ihren angenehmen Gesichtszügen liegt viel Kummervolles. Das Dachstübchen ist schön aufgeräumt, der Boden gefegt, die Bettdecken sind weiß [...] Engelmann wohnte schon siebenundzwanzig Jahre in Berlin und rechnet es sich zur Ehre, während dieser Zeit nie in gerichtliche Untersuchung gekommen zu sein. Sein elftes Kind ist vier Monate alt, ein zwölftes wird erwartet; acht Kinder sind gestorben; der älteste Knabe ist bei einem Müller in der Lehre. Bis 1834 wohnte E. in der Stadt. 1833 kam er in die Charité wegen eines kranken Fußes. Kaum war er gesund, so erkrankte die Frau und lag zehn Wochen im Bette. Das Krankenhaus war so angefüllt, daß er die Erlaubnis, seine Frau dahin zu bringen, dem besonderen Wohlwollen des Herrn Geh. Rat Kluge verdankte, dabei ist ihm die Fürsprache der Stubenmagd unvergeßlich. Es fehlte ihm aber das Geld, um die Kranke zu Wagen in die Charité zu bringen. Umsonst wandte er sich an die Armendirektion. Ein guter Freund borgte ihm einen Taler dazu, den er heute noch schuldig und zurückzuerstatten bemüht ist. Um nicht an der Arbeit verhindert zu sein, ließ er das kleinste Kind außer dem Hause verpflegen; was ihn dreieinhalb Taler kostete. Da er diese aus eigenen Kräften nicht bestreiten konnte, so kam er abermals bei der Armendirektion um Unterstützung ein und erhielt für ein für alle Mal zwei Taler. Nach vier Wochen kam die Frau krank zurück. E. arbeitete ganze Nächte hindurch, konnte aber doch die Miete nicht mehr erschwingen, wurde aus dem Hause geworfen und entschloß sich, auf einige Monate ins Familienhaus zu ziehen. (In diesem Augenblick hätten vielleicht zehn Taler auf immer geholfen!) Hier fand er aber keine Kundschaft, wurde mit jedem Tag ärmer und durfte zuletzt gar nicht mehr hoffen, aus dem Vogtlande herauszukommen, was ihm auch für seine Knaben leid tat, weil hier die Schulen nicht so

Haus Gartenstraße 115, Ecke Torstraße, erbaut um 1880

gut seien wie in der Stadt. Er hat kein Geld, um Futter und Knöpfe zu kaufen, und macht daher meistens nur Flickarbeit. Mehr als täglich siebeneinhalb Silbergroschen verdient er nie. Die Frau leidet noch immer an der Gicht und verdient nichts. Am meisten drückt ihn die Miete (zwanzig Taler jährlich). Oft bricht er sich am Munde ab, um dieselbe bezahlen zu können, und lebt doch immer in Gefahr, ausgeklagt zu werden. Auf seinen Tisch kommt abwechselnd Brot zum schwarzen Kaffee, Hering und dünne Mehlsuppe. Wenn er nur einen Tag ohne Arbeit ist, so muß er Kleidungsstücke usw. versetzen."[17]

Bettina von Arnim, listig genug, hatte das Buch, das als erste Sozialreportage Deutschlands gilt, Friedrich Wilhelm IV. gewidmet. Der König konnte sich zwar nicht entschließen, die Schrift seiner Freundin zu verbieten, untersagte aber Rezensionen und andere öffentliche Stellungnahmen. Der Verbreitung des Werks tat dies kaum Abbruch, unmittelbare Wirkung auf die preußische Sozialpolitik zeitigte es freilich nicht. Es sollten noch vier Jahrzehnte vergehen, ehe die Familienhäuser abgerissen wurden. Zu den Nachfolgebauten aus den 1880er Jahren gehört bis heute das Mietshaus Gartenstraße 115, Ecke Torstraße.

OBEN: St. Elisabeth-Kirche

UNTEN: St. Elisabeth-Kirche, Innenansicht

Die St. Elisabeth-Kirche

Oberbürgermeister Büsching hatte in seinen Berichten an Friedrich Wilhelm III. auch auf die völlig unzureichende seelsorgerische Betreuung der Bewohnerschaft in den Familienhäusern als einen Grund für deren sittliche Verwahrlosung verwiesen. Mehr als sieben Jahrzehnte nach seiner Errichtung besaß das Viertel noch immer kein eigenes Gotteshaus und gehörte neben der Oranienburger Vorstadt und dem Vorwerk Wedding bis hin zu den Rehbergen zum Sprengel der Sophienkirche in der Spandauer Vorstadt. Die dortigen beiden Geistlichen waren mit der Aufgabe überfordert, zählte ihre Gemeinde doch schätzungsweise zwischen 50.000 und 60.000 Seelen. „Von einem Seelsorger", so Büsching, „kann hier gar nicht die Rede sein. Die Kirche kann nur einen ganz unbedeutenden Teil der erwachsenen Einwohner erfassen. Die Entfernung derselben von dem größten Teil der Einwohner macht es auch, dass ihnen die Kirche nicht einmal äußerlich in Erinnerung kommt. Sollte innerlicher Trieb sie auch zum Kirchengehen veranlassen, so würden sie keinen Platz in der Kirche finden."[18]

Bereits im März 1827 hatte der Magistrat dem König vorgeschlagen, den Amtsbezirk von Sophien zu teilen und zwei neue Kirchen errichten zu lassen. Friedrich Wilhelm III. zeigte sich höchst verwundert über die prekäre Situation und forderte von seinem Kultusminister Karl Freiherr vom Stein zum Altenstein einen Bericht.

In den Folgemonaten beschäftigten sich Magistrat und Königliches Konsistorium, die oberste Kirchenbehörde Preußens, mit der Bedarfsplanung für den Kirchenneubau. Dabei wurde auch die genaue Anzahl der zur Sophien-Parochie gehörenden Bewohner ermittelt. Es handelte sich laut Polizeipräsidium um 37.017 Personen, von denen 25.757 innerhalb und 12.364 Personen außerhalb der nördlichen Tore lebten. Trotz nach unten korrigierter Zahlen waren sich alle Beteiligten einig, dass der

Neubau von Kirchen unumgänglich sei. 1828 bewilligte Friedrich Wilhelm III. das Vorhaben; Karl Friedrich Schinkel wurde mit den baulichen Planungen beauftragt.

Dass die Sache dennoch nicht vorankam, hatte mit den Kompetenzstreitigkeiten zwischen Stadt und König zu tun, der das Patronat über die Kirchen zu übernehmen gedachte, um die von ihm initiierte, unter Teilen der Geistlichkeit aber erbittert bekämpfte Agende zur Union von Lutheranern und Reformierten durchzusetzen. Der Magistrat fürchtete dagegen, immer mehr Einfluss auf die Kirchenpolitik zu verlieren. 1831 brach zudem die Choleraepidemie aus, in deren Folge 1.426 Todesopfer in Berlin zu beklagen waren. Der begonnene Bau des Gotteshauses in der Rosenthaler Vorstadt musste unter diesen Umständen eingestellt werden.

1832 entschied Friedrich Wilhelm III., zusätzlich zur Kirche in der Rosenthaler Vorstadt, „noch drey kleinere Kirchen in der dortigen vorstädtischen Gegend, eine rechts, die anderen beiden links von der Oranienburger Chaussee bauen zu lassen“.[19] Bis zur Fertigstellung all dieser Kirchen – St. Elisabeth in der Rosenthaler Vorstadt, Nazareth am Wedding, St. Paul am Gesundbrunnen und St. Johannis in Moabit – wurden für die Gottesdienste Interimslösungen in der Invalidenhaus-Kapelle, im Schulhaus Wedding und im Betsaal der Wülcknitzschen Familienhäuser geschaffen.

Als Bauplatz für die Kirche in der Rosenthaler Vorstadt war ein acht Morgen großes Areal an der Invaliden-, Ecke Badstraße (heute Brunnenstraße) vorgesehen, dass der Magistrat schon angekauft, zwischenzeitlich aber wegen des Baustillstands „wieder den kleinen Leuten der dortigen Gegend zum Kartoffelanbau ausgethan“ hatte, „um es nicht ungenutzt zu lassen“.[20] Von den geplanten und durch Schinkel erbauten vier Vorstadtkirchen wurde St. Elisabeth als erste fertig gestellt und am Sonntag, den 28. Juni 1835, eingeweiht. Seinen Namen erhielt das Gotteshaus nach der Mutter von Johannes dem Täufer, aber wohl auch mit Blick auf die neben König und Kronprinz bei der Einweihung anwesende Kronprinzessin Elisabeth Ludovika.

St. Elisabeth-Kirche mit Pfarrhaus und Gemeindehaus, um 1910

Das Pfarramt trat der von der pietistischen „Erweckungsbewegung“ beeinflusste Theologe Otto von Gerlach an. Der Sohn des ehemaligen Berliner Oberbürgermeisters Carl Friedrich Leopold von Gerlach war ein Günstling des Kronprinzen. Obwohl sich der erzkonservative Kirchenmann durchaus für eine Seelsorge einsetzte, die die sozialen Belange nicht aus den Augen verlor, scheint er die ihm in der Rosenthaler Vorstadt Anvertrauten kaum erreicht zu haben. In einem Schreiben vom 6. Juni 1837 an das Königliche Konsistorium konstatierte Superintendent Ferdinand Schultz: „Über den Kirchen-Besuch der Elisabeth-Kirche kann ich jetzt kein recht bestimmtes Urteil fällen, da Herr Prediger von Gerlach abwesend ist. Was ich aber früher darüber wahrgenommen habe, stimmt mit dem Inhalt jenes Armen-Kommissions-Berichtes zusammen, daß sie nemlich mehr von anderen Bewohnern der Stadt als von den Insaßen der Parochie besucht wird.“[21]

Auf Schultz‘ Vorschlag, dem kränkelnden und dadurch häufig abwesenden Kirchenmann einen gleichberechtigten Pfarrer in dem bevölkerungsreichen Sprengel zur Seite zu stellen, gingen Konsistorium und König nicht ein. Auch Friedrich Wilhelm IV., 1840 auf den Thron gerückt, hielt seine Hände schützend über

Pfarrer Gerlach. Sieben Jahre später avancierte Gerlach zum Domprediger und Honorarprofessor an der Berliner Universität. Von der allerhöchsten Gunst profitierte nicht zuletzt die Elisabethgemeinde selbst. Der König schenkte ihr die Bände der ab 1851 erscheinenden ersten Gesamtausgabe von Johann Sebastian Bachs Werken und stiftete darüber hinaus das gusseiserne Wegkreuz auf dem Elisabeth-Kirchhof.

Unbedingt der Erwähnung bedarf ein weiterer Pfarrer an St. Elisabeth: Wilhelm Boegehold. Der aus Mülheim an der Ruhr Gebürtige war nach dem Studium in Bonn und Berlin zunächst als Gefängnisseelsorger tätig gewesen, zuletzt am Zellengefängnis in Moabit, ehe er 1863 die Gemeinde in der Rosenthaler Vorstadt übernahm. Seit langem vertraut mit der sozialen Not der Menschen, gründete er schon zwei Jahre später die Diakoniestiftung Lazarus, um einen Krankensaal nebst Kapelle für die Bewohner des Viertels zu errichten. Das 1866 eröffnete Stammhaus des späteren Krankenhauses hat die Zeitläufe überdauert und befindet sich im Hof der Bernauer Straße 115–118. In den Jahren 1867 bis 1870 entstand der Erweiterungsbau, der ebenfalls von Boegehold initiiert und mit Spendenmitteln finanziert wurde.

Seit 1987 ist das Krankenhaus eine vollstationäre Pflegeeinrichtung mit angestellten Ärzten und Therapeuten. Angeschlossen sind ein Hospiz, das Diakonissenmutterhaus, die Anstaltsgemeinde sowie die Lazarus-Schulen, bestehend aus den beiden Berufsfachschulen für Altenpflege bzw. Sozialwesen, der Fachoberschule für Sozialwesen, der Berufsfachschule für Sozialassistenz und der Fachschule für Sozialpädagogik.

OBEN: Pavillon/Kleine Kapelle der Diakoniestiftung Lazarus, Bernauer Straße 115–118 (Hof)

UNTEN: Denkmal Wilhelm Boegehold

OBEN: Wegkreuz auf dem St. Elisabeth-Kirchhof
unten: Erbbegräbnis der Familie Wollank

Der St. Elisabeth-Kirchhof

Nachdem die Elisabethgemeinde ihre Toten zunächst auf dem Sophienfriedhof bestattet hatte, konnte 1843 ein eigener Begräbnisplatz an der Ackerstraße 37 angelegt und ein Jahr später eingeweiht werden. Die Hauptallee mit dem 1851 von Friedrich Wilhelm IV. gestifteten und in der Königlichen Eisengießerei angefertigten Wegkreuz führt zu einer der stattlichsten und zugleich ältesten Grabstätten des Friedhofs, dem Erbbegräbnis der Familie Wollank.

Gottlieb Friedrich Wollank (1771 bis 1851), Patron der Gutsbesitzerdynastie, war es, der für die Bereitstellung des Friedhofsgrundstückes gesorgt hatte. Lange Zeit der größte Grundbesitzer in der Rosenthaler Vorstadt, engagierte er sich sowohl in kommunalen Angelegenheiten als auch in der Gemeinde von St. Elisabeth. Der zwischen Rosenthaler Platz und Schönhauser Allee gelegene Abschnitt der heutigen Torstraße trug seit 1832 seinen Namen. 1873, nach dem gewonnenen Krieg gegen Frankreich, erfolgte die Umbenennung in Lothringer Straße.

Die heutige Wollankstraße in Pankow und Wedding wurde 1883 nach dem ebenfalls auf dem Elisabeth-Kirchhof beigesetzten Adolf Friedrich Wollank (1833 bis 1877) benannt. Im elterlichen Haus Weinbergsweg 12 geboren, wohnte er später auf seinen Pankower Gütern und fungierte viele Jahre als Amtsvorsteher von Pankow. Die Wollanksche Familienstiftung machte 1936 den Weinbergspark der Allgemeinheit zugänglich.

Nicht mehr vorhanden sind die Grabstätten zweier Frauen – Anna Stephan, geb. Tomala, und Julie Gräbert.

Die Sopranistin Anna Stephan (1834 bis 1862), aus Pest gebürtig, war die erste Frau des späteren Generalpostmeisters Heinrich von Stephan. Beide hatten sich 1852 in Köln kennengelernt, wo sie am Theater engagiert war und er als junger Postsekretär, theaterbegeistert und Verse schreibend, am Anfang seiner Karriere als Beamter stand. Ihretwegen lernte er Ungarisch. Das scheint den Ausschlag gegeben zu haben, dass sich die bildhübsche Sängerin für ein Leben an seiner Seite entschied. 1855, inzwischen hatte er die Verwaltungsprüfung abgelegt, heirateten sie in Hannover und übersiedelten im Jahr darauf nach Berlin. Die erste Wohnung fanden er und seine 22-jährige Frau in der Brunnenstraße 112 (heute Nr. 142).

1858 kam das erste Kind zur Welt, ein Sohn, der nach dem Vater auf den Vornamen Heinrich getauft wurde. Doch nur vier Jahre sollte das gemeinsame Glück währen. Anna Stephan starb an Tbc, der Schwindsucht, wie die Krankheit damals hieß.

Heinrich von Stephan (1831 bis 1897), aus kleinbürgerlichen Verhältnissen stammend und 1885 von Kaiser Wilhelm I. in den Adelsstand erhoben, reformierte das Postwesen im Deutschen Reich. Auf ihn gehen die Einführung der Postkarte und des Fernsprechers sowie die Gründung des Weltpostvereins zurück.

In bescheideneren Bahnen verlief das Leben von Julie Gräbert (1803 bis 1870). Ihr Name steht für die Tradition des populären Volkstheaters in Berlin. Als Tochter des Bürgermeisters Pickenbach in Teltow geboren und auf den Namen Johanna getauft, legte sie sich später den Vornamen „Julie" zu. An Unternehmungsgeist hat es ihr nicht gemangelt. 1848 eröffnete sie mit ihrem Mann, Louis Gräbert, das „Vorstädtische Theater" am Weinbergsweg 10 (heute Nr. 12). Neben leichter Kost auf der Bühne gab es Nahrhaftes in den Pausen. Überliefert ist ihr Satz: „Det is mir ejal", soll sie gesagt haben, „wenn det Stück denn bis Mitternacht dauert. Hauptsache is nich det Stück! Hauptsache sind die Pausen, is der Verkoof von Weißbier und Schinkenstullen!"[22]

Julie Gräbert kannte ihr Publikum. Als ihr Mann auf die seltene Idee kam, Schillers „Jungfrau von Orleans" auf den Spielplan zu setzen, sah sie den Sturm des Gelächters voraus, der der Hauptdarstellerin begegnen würde und änderte den Titel in „Mädchen von Orleans" ab. Nach dem frühen Tod ihres Mannes führte sie das Haus allein weiter. Mit Erfolg, erwarb sie doch noch das Nachbargrundstück Weinbergsweg 11, allem Anschein nach für einen Neubau oder eine Erweiterung des Theaters. Die Fertigstellung der neuen Spielstätte, in die schließlich das „Germania Theater“ zog, erlebte „Mutter Gräbert“ zwar nicht mehr, aber der Weinbergsweg blieb dank ihrer Vorreiterrolle für Jahrzehnte eine Adresse des vorstädtischen Amüsements.

Eher der ernsten Muse zugewandt war der Musikpädagoge und Dirigent Ludwig Christian Erk (1807 bis 1883), dessen Grabmal sich im südlichen Abschnitt des Friedhofes befindet. Der Wetzlarer folgte 1835 einem Ruf als Musiklehrer an das Königliche Seminar nach Berlin und übernahm hier außerdem die Leitung des liturgischen Chor-Gesangs am Dom. Darüber hinaus gründete er den nach ihm benannten Erk-Chor und erwarb sich weithin als unermüdlicher und systematischer Sammler von Volksliedern einen Ruf. Rund 20.000 Lieder zeichnete er auf, die in Bänden wie „Die deutschen Volkslieder mit ihren Singweisen“ (1838 bis 1843) oder „Der deutsche Liederhort“ (1856) Verbreitung fanden.

1936 wurde Siegfried Loevy auf dem Elisabethkirchhof bestattet. Über die Trauerfeier ist nichts bekannt, doch dürfte die Gemeinde, die sich früh zum NS-Regime bekannte, nur zähneknirschend ihrer Pflicht nachgekommen sein, dem Fabrikanten jüdischer Herkunft, obschon getauft, die letzte Ehre zu erweisen. Bis 1934 hatte er der Bronzegießerei „S. A. Loevy“ vorgestanden. Und es dürften nicht allein Altersgründe gewesen sein, die ihn im selben Jahr zur Aufgabe seines Unternehmens in der Gartenstraße 96 und zum Verkauf des Grundstückes an die Deutsche Reichsbahn zwangen.

Die 1856 von den Vorfahren Loevys in der Neuen Friedrichstraße gegründete, später in der Dragonerstraße und seit 1896 in der Gartenstraße 158 (nachmals Nr. 96) ansässige Firma stieg im Laufe des 19. Jahrhundert zu einem führenden Hersteller von Bronzewaren, vornehmlich Tür- und Fenstergarnituren, auf und durfte sich seit 1909 „Königlicher Hoflieferant“ nennen. Über die Grenzen Berlins hinaus bekannt wurde sie durch die im Auftrag von Kaiser Wilhelm II. aus feindlichen Kanonen gegossenen und 1916 am Gebäude des Reichstages angebrachten Buchstaben „DEM DEUTSCHEN VOLKE“.

OBEN: Stettiner Bahnhof, 1903

UNTEN: Wollankscher Weinberg vor dem Rosenthaler Tor, um 1800

Die Erweiterungen des Viertels und der Hobrecht-Plan

Bevor die St. Elisabeth-Kirche und das Lazarus-Krankenhaus erbaut wurden, war 1827 mit der Anlage des neuen Sophienfriedhofes zwischen Invaliden- und späterer Bernauer Straße entlang der Acker- und Bergstraße bereits eine bedeutende flächenmäßige Erweiterung der Rosenthaler Vorstadt in nördlicher Richtung vorgenommen worden. 1844 entstand an der Ostseite der Ackerstraße der Begräbnisplatz der Elisabethgemeinde, der acht Jahre später noch vergrößert wurde.

Etwa zur gleichen Zeit entwickelte sich die Besiedlung östlich der Brunnenstraße auf den seit dem 14. Jahrhundert angelegten Weinbergen (heute Weinbergsweg und -park). Anfang des 19. Jahrhunderts hatte Gottlieb Friedrich Wollank das Weingut mit einem hier seit längerem bestehenden Ausflugslokal erworben, zu dem die Berliner in den Sommermonaten zogen, „um sich zu Tausenden zu drängen, und für viel Geld wenig zu genießen“.[23] Wollank kaufte nach und nach weitere Grundstücke auf und ließ außer Stallungen und Wirtschaftsgebäuden ab den 1830er/40er Jahren zunehmend Mietshäuser errichten.[24]

1842 wurde westlich der Gartenstraße der Stettiner Bahnhof eröffnet, einer der später großen Fernbahnhöfe der Stadt, von dem die Züge in Richtung Ostsee und Skandinavien fuhren. Sowohl der Bahnhof als auch die Wollankschen Häuser lagen Ende der 1840er Jahre noch inmitten der Berliner Feldmark, doch sollten von beiden entscheidende Anstöße zum weiteren Ausbau des Berliner Nordens ausgehen.

Chronist Kuntze hielt fest: „Jetzt gehört diese Vorstadt zu den belebten und volkreichen Theilen Berlins. Die Einwohnerzahl beträgt 18–19,000. Obgleich in der Acker- und Berg-Straße noch viele von den vor hundert Jahren erbauten kleinen Häusern stehen, so sind diese doch meist erweitert und um ein Stock erhöht; etliche aber hoch und neu erbaut, so in der Brunnen-Straße auf der rechten Seite. Dagegen ist die Invaliden-Straße mit stattlichen Häusern geziert, und die über die Invaliden-Straße hinausgelegenen Theile der Garten-, Berg- und Ackerstraße werden immer mehr bis zur Stadtgrenze bebaut. Die Hauptstraßen sind mit Granitbahnen und bis zur Invaliden-Straße mit Gasbeleuchtung versehen…"[25]

Aus dieser zweiten Bebauungsphase des Viertels hat sich das Haus Ackerstraße 9 erhalten. Es ist heute das älteste Wohngebäude des Viertels. Das Vorgängerhaus, das dem Maurer Johann Gottfried Pietsch gehört hatte, war 1753 erbaut und versichert worden.[26] Über Erbschaft und mehrmaligen Eigentümerwechsel kam der Besitz 1815 an den Bürger und Viehmäster Johann Friedrich Steyer. Dieser ließ 1821 einen neuen Seitenflügel, zwei neue Ställe und Remisen an der Nordseite des Hofes errichten. 1842 – im Jahr der Eröffnung des Stettiner Bahnhofs – wurde das alte Wohnhaus an der Straße durch einen Neubau ersetzt.[27] Steyers Erben, die das Grundstück bis Anfang der 1880er Jahre bewirtschafteten, scheinen vom Spekulationsfieber der Gründerjahre nicht angesteckt worden zu sein. Auch die Nachbesitzer sahen wohl keinen Anlass, größere bauliche Veränderungen vorzunehmen. So überdauerte an dieser Stelle ein Stück älteres Berlin.

Zu den Kriegsverlusten gehört das dreigeschossige Haus Ackerstraße 148, dessen Silhouette sich bis in die 1990er Jahre deutlich an der unsanierten Brandmauer des Nachbarhauses Nr. 149 abzeichnete und heute durch eine Kerbung im Putz kenntlich gemacht wird.

Ab den späten 1850er Jahren verzeichnen die Akten der Feuersozietät außer am Wollankschen Weinberg weitere Bereiche, die am östlichen Rande des Viertels erschlossen wurden. Das deckt sich mit der 1862 vorgelegten „Übersichtskarte des Bebauungsplanes der Umgebungen Berlins", die James Hobrecht und dessen Planungskommission im Zusammenhang mit den Plänen für die Stadterweiterung erarbeitet hatte. Kartiert wurde neben dem vorgesehenen Stadtausbau auch das, was bereits bestand. Neu angelegt und schon benannt waren Bernauer-, Schönhol-

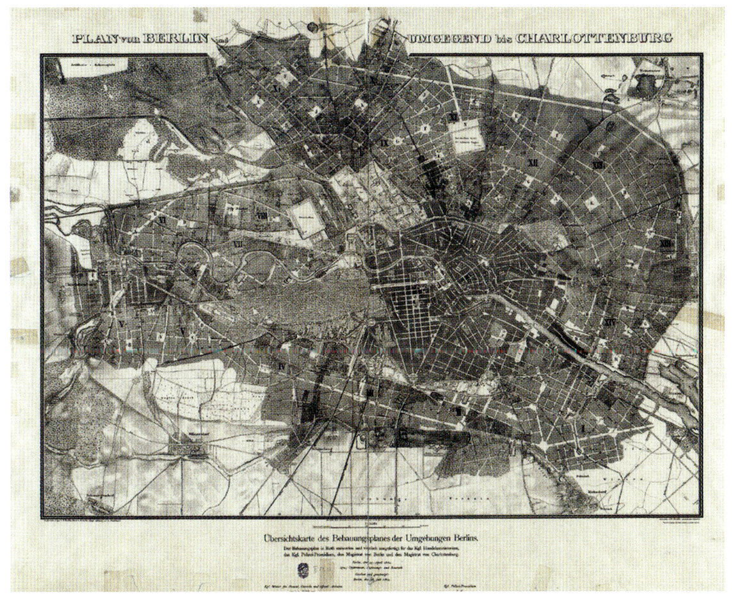

Übersichtskarte des Bebauungsplanes der Umgebungen Berlins (Hobrechtplan), 1862

zer-, Rheinsberger-, Schwedter-, Choriner-, Anklamer- und Fehrbelliner Straße. In Planung befindliche Straßen trugen Nummern, Plätze wie der spätere Arkonaplatz oder der Zionskirchplatz waren durch Buchstaben kenntlich gemacht.

Der Karte nicht zu entnehmen ist, dass es sich bei den Gebäuden, die außerhalb der historisch gewachsenen Quartiere lagen, teilweise noch nicht um Wohn- und Mietshauser, sondern nur um landwirtschaftlich oder gewerblich genutzte Bauten handelte. So etwa hatte der Konditor Ferdinand Ludwig Roediger 1856 eine Parzelle im Verlorenen Weg, nachmals Schwedter Straße 267, erworben und 1859 ein vermutlich als Ausflugslokal vorgesehenes Gartenhaus errichten lassen. Erst 1871 erfolgte unter dem Nachbesitzer, Böttchermeister Carl Friedrich Christian Borchert, der Bau des Vorderhauses an der Straße mit je einem linken und rechten Seitenflügel auf dem Hof. Der Versicherungswert erhöhte sich damit von 800 Reichstalern auf stolze 31.260 Reichstaler im Jahre 1872.[28]

Ähnlich verlief die Entwicklung in der Schwedter Straße 248. Im Auftrag des Kaufmanns Abraham Cohn war hier 1859 ein Stallgebäude nebst Brunnen und Zaun aufgeführt worden, deren Wert 400 Reichstaler betrug. Das straßenseitige Mietshaus entstand ebenfalls erst später und wurde am 2. November 1864 mit 10.000 Talern versichert. Zu den Erben gehörte „Frau Apotheker Mühsam, geb. Cohn".[29] Der Name lässt aufhorchen, verbindet er sich doch mit der deutschen Literaturgeschichte des frühen 20. Jahrhunderts. Rosalie Cohn, verheiratet mit dem Apotheker und Chemiker Siegfried Mühsam, war die Mutter des Dichters, Kabarettisten und Publizisten Erich Mühsam. Da die Familie jedoch in der Potsdamer Straße wohnte und bald nach der Geburt des Sohnes 1878 nach Lübeck übersiedelte, dürfte Erich Mühsam das unter seinem Großvater erbaute Mietshaus, wenn überhaupt, erst später kennengelernt haben. Die Cohns erwarben weitere Grundstücke in der Nachbarschaft und blieben bis in die frühen 1920er Jahre Eigentümer des Wohn- und Geschäftshauskomplexes Schwedter Straße 246–248/Ecke Kastanienallee 67–69.

1861 war die Eingemeindung der Rosenthaler Vorstadt nach Berlin erfolgt. Damit entfiel der Sonderstatus des Viertels, der in früher Zeit sogar den Schmuggel mit akzisefreiem Mehl zwischen der Vorstadt und Berlin befördert hatte. Vor allem aber schritt die städtebauliche Erschließung des Gebietes voran. 1862 trat der Hobrecht-Plan in Kraft, der mit seiner Festlegung der neuen Straßen und Plätze und den sich daraus ergebenden Baublöcken Planungssicherheit für Banken und Investoren schuf.

In der Regel lief die Beschaffung der Mittel so, wie sie der Schriftsteller Theodor Fontane im gleichen Jahr in einem Brief an seine Frau beschrieb: „Man kauft eine Bau-Stelle für 1.000 Taler, und hat man solche Stelle, so erhält man ohne Mühe 3.000 Taler zum Bau eines Hauses, die dann zu erster Hypothek völlig sicher stehn. Hat man dann auch 5.000 Taler zu verzinsen zu vier und fünf Prozent, so wohnt man immer nicht teurer, als wenn man für 200 bis 250 Taler zu Miete wohnt. Einzelne Ausgaben kommen zwar hinzu, aber die Annehmlichkeit ist dafür sehr, sehr groß, und der Wert des Grundstücks wächst mit der Ausdehnung der Stadt, so dass er sich verdoppeln kann".[30] Bei Fontane, der tatsächlich mit dem Gedanken spielte, Bauherr zu werden, scheiterte der Plan freilich schon daran, eine „Bau-Stelle" zu erwerben.

1864 waren im Viertel große Teile der neuen Straßen bereits bebaut. So etwa wies die Ostseite der Schwedter Straße nur noch wenige Lücken auf; die Kastanienallee oder die Rheinsberger Straße besaßen zwar noch eine Reihe leerer Baugrundstücke, verfügten aber abschnittsweise schon über geschlossene Straßenfronten. Ein ähnliches Bild ergab sich für andere Straßen. Nach dem Abbruch der Stadtmauer und der nördlichen Tore wurde nach 1867 Zug um Zug auch die Torstraße bebaut.

1871 erfolgte Berlins Aufstieg zur Reichshauptstadt. Befördert von vier Milliarden Goldfranc, die dem unterlegenen Kriegsgegner Frankreich als Reparationszahlungen abgepresst worden waren, begann ein noch nie dagewesener Wirtschaftsboom, der einen gewaltigen Stadtumbau nach sich zog. Rasch schlossen sich in der Rosenthaler Straße Baulücken und Brachen. Letzte Acker- und Weideflächen wurden bebaut. Innerhalb von nur zwei Jahrzehnten entstand hier wie auch im Berliner Osten und Südosten ein unübersehbares Meer aus Arbeiterquartieren mit teilweise katastrophalen Wohnverhältnissen.

James Hobrecht, der ältere Bruder des nachmaligen Oberbürgermeisters Arthur Hobrecht, hatte in seinen Planungen, die außer dem Berliner Stadtgebiet die Gemeinden Charlottenburg, Wilmersdorf, Rixdorf, Reinickendorf, Weißensee und Lichtenberg umfassten, ausdrücklich die Mietskaserne präferiert. „Er wollte auf dem neu erschlossenen Stadtgebiet in den nächsten 50 Jahren 1,5 bis 2 Millionen Menschen unterbringen, und sein Konzept der Wohnblockstadt suchte er auch sozialpolitisch zu begründen: In der viergeschossigen ‚Mietskaserne' sah er ein wirksames Instrument, mit dem man die Entstehung von Arbeiter-Slums, wie man sie vor allem in London kannte, vorbeugen könne. Ein aufschlussreicher Überblick der Mietpreise stützte seine Argumentation für ein ‚empfehlenswertes Durcheinander' der Klassen: ‚Im 1. Stockwerk eine Wohnung zu 500 Taler Miete, im Erdgeschoß und 2. Stockwerk je zwei Wohnungen zu 200 Talern, im dritten Stockwerk je zwei Wohnungen zu 150 Taler, im vierten drei Wohnungen á 100 Taler, im Keller, auf dem Bodenraum, im Hinterhause oder dergleichen, noch mehrere Wohnungen á 50 Taler'. Diese soziale Mischung der Mieter, so meinte Hobrecht, werde als ein gesellschaftlich stabilisierendes Moment wirken, denn Fleiß und Entsagung der strebsamen höheren Gesellschaftsklassen würden zur Nachahmung anregen. Hausgemeinschaft könnte zu tätiger Nächstenliebe erziehen."[31]

Dass das gut Gemeinte stets das Gegenteil des gut Gemachten ist, sollte sich auch hier zeigen. Abgesehen davon, dass die vom Polizeipräsidium eingesetzte Hobrechtsche Kommission nur beschränkte Entscheidungsbefugnisse besaß und überdies angehalten war, Privatgrundstücke „mit möglichster Schonung" zu behandeln, blieb die 1853 erlassene Bauordnung weiterhin in Kraft. Insbesondere das darin festgeschriebene Mindestmaß für Höfe von 5,34 x 5,34 Meter – es entsprach dem Wendekreis der Feuerspritze – führte zu einer abenteuerlichen Verdichtung der Baugrundstücke. Zwar hatte Hobrecht darauf hingewiesen, dass das Vierfache der Dimension kaum genug sei, um für Hinterzimmer noch Sonne, Licht und Luft in genügender Quantität und Güte zu gewährleisten, aber fast jeglicher Einspruchsmöglichkeit beraubt, standen er und seine Planungskommission der von Profitgier diktierten Entwicklung weitgehend ohnmächtig gegenüber.

Da in den Blöcken außerdem die Mischung aus Wohnen und Gewerbe vorgesehen war, kam es auf engstem Raum zum bedrängenden Mit- und Nebeneinander der Funktionen. Und selbst dann, wenn Werkstätten und Fabriken im rückwärtigen Areal der Grundstücke untergebracht wurden, sorgte der Lieferverkehr für stete Unruhe in den Wohnbereichen. Ganz zu schweigen von Lärm-, Schmutz- und Geruchsbelästigungen, die von den Produktionsstätten ausgingen.

Viehmarkt und Schlachthof Ackerstraße/Brunnenstraße, 1862

1868 bis 1876 wurde an der Brunnenstraße 73–90, zwischen Humboldthain und Demminer Straße, der Vieh- und Schlachthof erbaut. Hinter der „Berliner Viehmarkt-Aktien-Gesellschaft" als Bauherr steckte kein Geringerer als der „Eisenbahnkönig" Henry Bethel Strousberg. Mit der Bebauung des Terrains beauftragte er den Architekten August Orth, der für ihn schon das Palais in der Wilhelmstraße errichtet hatte. Viehmarkt und Schlachthof waren nur wenige Jahre in Betrieb, weil die Stadt selbst den Bau eines „Central-Viehhofes" in Angriff genommen hatte, dennoch trugen weder Bau noch Abriss dazu bei, das Viertel aufzuwerten.

Angesichts dessen zogen Besserverdienende, die imstande und bereit waren, 500 Taler Miete zu bezahlen, lieber in die im Westen entstehenden bürgerlichen Quartiere. Die Rosenthaler Vorstadt gehörte fortan zu jenen Teilen Berlins, die als „größte Mietskasernenstadt der Welt" traurige Berühmtheit erlangen sollten.

„Meyers Hof“, Ackerstraße 132/133, 1965

Meyers Hof

Eine der bekanntesten gründerzeitlichen Mietskasernen, später häufig auch als „Zille-Burg“ apostrophiert, war Meyers Hof in der Ackerstraße 132/133. Im Auftrag des Kattun- und Baumwollfabrikanten Jaques Meyer hatte der Architekt Adolf Erich Witting 1873/74 hier ein Wohn- und Geschäftshaus mit sechs hintereinander liegenden Höfen geschaffen, auf denen sich fünf Quergebäude befanden. Neben Souterrain und Erdgeschoss verfügten die Häuser jeweils über vier Stockwerke. Ein Mittelgang in den Etagen gewährte den Zugang zu den Ein-Zimmer-Wohnungen, deren Wohnstuben von den Küchen durch den einen Mittelgang getrennt wurden. Separate Wohnungen gab es nicht. Im Vorderhaus waren die größeren Wohnungen untergebracht. Anfang 1875 bezugsfertig, verzeichnete das Adressbuch ein Jahr später bereits 81 Mietparteien. 1878 stieg die Zahl auf89. Bei den aufgeführten Haushaltungsvorständen und Gewerbemietern handelte es sich augenscheinlich nur um Bessergestellte, stand deren Zahl doch im Kontrast „zur ermittelten Zahl der Wohnungen von 257“.[32] Hinzuzurechnen waren außerdem Familienangehörige, Untermieter und Schlafleute, die in den Adressbüchern grundsätzlich unerwähnt blieben. Die tatsächliche Anzahl der Bewohner dürfte bedeutend höher gewesen sein. In übereinstimmenden Berichten ist denn auch immer wieder von 2.000 Menschen und mehr in den sechs Häusern die Rede.

Obwohl Franz Gustav Assmann, der Stellvertreter James Hobrechts, etliche Jahre zuvor in einem Vortrag im Berliner Architektenverein vor solcher Zusammenballung von Menschen, die er „in hohem Maße schädlich und beklagenswert“[33] nannte, eindringlich gewarnt hatte, scheint Meyers Hof von vielen und selbst den Mietern durchaus als Errungenschaft angesehen worden zu sein. Zu dem positiven Eindruck trug der Verzicht auf verschattende Flügelbauten ebenso bei wie die Abmessung der Höfe, die mit zehn Meter Tiefe und knapp 40 Meter Breite deutlich über die von der Bauordnung geforderten 5,34 Meter im Quadrat hinausgingen. Im Vorderhaus waren WCs vorhanden, die Toiletten für die anderen Bewohner befanden sich im Hof. Allen aber stand einmal in der Woche unentgeltlich das im fünften Hof untergebrachte Badehaus zur Verfügung.

Julius Rodenberg, Publizist, Schriftsteller und einer der frühen literarischen Flaneure Berlins, stattete im Mai 1884 Meyers Hof einen Besuch ab. Die Wülcknitzschen Familienhäuser noch vor Augen schrieb er: „Wenn man mit solchen Zuständen die gegenwärtigen Familienhäuser vergleicht, dann begreift man, welche Fortschritte wir seitdem gemacht haben. Kolossal in ihrem Umfange, geben sie dem Verhältnis sichtbaren Ausdruck, in welchem mit sparsamster Ausnutzung des vorhandenen Raumes zugleich für das häusliche Wohlbefinden und die sanitäre Zukömmlichkeit großer, dicht zusammenwohnender Menschenmengen gesorgt werden kann. Dem Erbauer oder Begründer mag das Beispiel der Peabody-Buildings in London vorgeschwebt haben, soweit System und Einrichtung in Frage kommen [...] Sie gleichen einer kleinen Stadt, wimmelnd von Menschen und mit jeder Art von Hantierung. Die Front des Hauptgebäudes mit zwei mächtigen Portalen flankiert die Ackerstraße, dahinter öffnen sich fünf Höfe, jeder mit zwei vierstöckigen Quergebäuden, durch welche ein gewölbter Durchgang führt, mit zwei Seiteneingängen für die Häuser selbst. In den Höfen herrscht das Leben einer Straße; Kinder spielen fröhlich umher. Werkstätten von jeglicher Beschaffenheit sind in vollem Betrieb, und Frauen, welche Grünkram und Obst feilhalten, sitzen an den Ecken. Den Hintergrund des letzten Hofes bildet eine Badeanstalt mit einer großen Uhr, welche die Zeit in diesem Gebäudekomplex regelt, und vorn, am Straßenportal, hängt eine fast die ganze Wand bedeckende Tafel mit den Namen der Einwohner, daneben allerlei sonstige Benachrichtigungen über die nächste Postexpedition, die nächste Polizeistation und so weiter und das Hausreglement. Ich muß sagen, daß dies alles einen guten Eindruck machte, wie ich bei Zwielicht die Höfe durchschritt, in welchen so viele Hunderte dicht zusammen leben und dennoch einander nicht im Wege sind.

Innenhöfe „Meyers Hof“, Dokumentation „Berliner Pflaster“, 1956

Die Luft in den angemessen geräumigen Höfen war nicht schlecht, und als ich sie verließ, fingen eben die Gaslaternen an, ihr reichliches Licht in denselben zu verbreiten.“[34]

Wenn Rodenberg hier auch ein wenig dick aufgetragen haben mochte, durfte Meyers Hof, verglichen mit anderen Mietskasernen und nun gar mit den Wülcknitzschen Familienhäusern, durchaus als Fortschritt gewertet werden. Die angestrebte Mischung aus Besserverdienenden und sozial Schwächeren (für erste waren die Wohnungen im Vorderhaus, für letztere die in den Höfen vorgesehen) zählte genauso dazu wie der Verzicht, das Grundstück baulich bis auf den letzten Quadratmeter auszunutzen. Keineswegs selbstverständlich war die Ausstattung des Komplexes mit einer zentralen Wasserversorgung, dem allen Bewohnern kostenlos zur Verfügung stehenden Badehaus, der Beleuchtung des Hofes durch Gaslaternen usw. Noch schwebte Architekten und Planern nicht das Bild der „aufgelockerten“ Stadt vor. Noch war die Urbanität das Maß der Dinge. Und in der Tat besaß diese „kleine Stadt" eine Infrastruktur, die ihresgleichen in den Arbeitervierteln Berlins suchte.

Der Blick hinter die Kulissen offenbarte indes auch andere Seiten. Aufgrund der Wohnungen, die keine abgeschlossenen Einheiten darstellten, hatte jeder Einblick in die Privatsphäre des anderen. Das förderte die gegenseitige Kontrolle, die erwünscht gewesen sein dürfte, wies den Häusern aber eindeutig den Charakter von Massenunterkünften zu. Die Wohnqualität litt darüber hinaus durch das enge Mit- und Nebeneinander von Wohnen und Arbeiten auf allen Etagen und durch den rasch wachsenden Raumbedarf der Produktions- und Betriebsstätten. Auf den Höfen und in den Kellern wurden immer neue An- bzw. Einbauten vorgenommen.

Hinzu kamen nicht genehmigte Werkstätten in Wohnräumen, eingerichtet von den Ärmsten, die sich noch etwas dazu zu verdienen suchten. Brandschutzbestimmungen wurden dabei selbstredend kaum beachtet, so dass immer wieder die Polizei eingreifen musste, wie aus folgender Anzeige hervorgeht: „Der Maschinenbauer Eduard Rekitzky, 3.2.43 Königsberg geb., bewohnt seit dem 15.12.1881 in dem Hause Ackerstraße 133, 1. Hof, 1 Treppe, eine Wohnung bestehend aus zwei Stuben und Küche. Die eine Stube und Küche hat Rekitzky an Schlafleute vermietet, während er in der zweiten Stube mit seiner Frau und seinem achtjährigen Sohn wohnt. In dieser Stube hat er eine Hobelbank aufgestellt und betreibt da im ganz unbedeutenden Umfange das Gewerbe als Tischler. Leimküche und Spähnekeller ist nicht vorhanden."[35]

Bei genauerem Hinsehen verflüchtigte sich die Sozialidylle, die Julius Rodenberg zu zeichnen versucht hatte. Immerhin legten Jaques Meyer und sein Sohn, der das Anwesen erbte, Wert auf die Instandhaltung der Häuser. Von der Bauinspektion festgestellte Mängel wurden in der Regel umgehend beseitigt, auch Modernisierungen wie der nachträgliche Einbau von WCs in den Quergebäuden veranlasst. Als Otto Meyer 1920 starb und die in der Ackerstraße 129 ansässige Eisengießerei Aktien-Gesellschaft, vormals Keyling & Thomas, ein Jahr später Meyers Hof und andere

Spielende Kinder auf den Höfen,
Dokumentation „Berliner Pflaster“, 1956

Nachbargrundstücke für eine perspektivische Erweiterung des Werksgeländes erwarb, blieben die Häuser dem Verfall überlassen.

Am 1. Oktober 1920 erfolgte die Gründung der neuen Stadtgemeinde Berlin. Das so genannte Groß-Berlin, unterteilt in Stadtbezirke, entstand. Die nördliche Rosenthaler Vorstadt, jenseits der Bernauer Straße, gehörte künftig zum neu geschaffenen Stadtbezirk Wedding, die südliche Rosenthaler Vorstadt zum neuen Stadtbezirk Mitte. Hatte dieser Verwaltungsakt noch kaum praktische Auswirkungen auf die beiden Vorstadthälften – so etwa blieb die 1894 geweihte Versöhnungskirche an der Bernauer Straße weiterhin das gemeinsame Gotteshaus für die im Umkreis Wohnenden –, war doch damit der Auftakt zu einer Entwicklung gegeben, die nach dem Zweiten Weltkrieg und insbesondere nach dem Mauerbau 1961 zu getrennten Wegen führen sollte.

Als nicht weniger folgenreich erwies sich die am 1. Dezember 1925 in Kraft getretene neue Bauordnung. Mit ihr stellten sich die Verantwortlichen den Herausforderungen einer Vier-Millionen-Metropole, aber auch der jahrzehntelang geführten gesellschaftlichen Diskussion über die in großen Teilen Berlins menschenunwürdigen Wohnverhältnisse. Untersagt wurde in der Bauordnung, „Hinterwohngebäude und selbständige Wohnungen in Seiten-, Mittel- und Querflügeln“[36] zu errichten. Nicht davon betroffen waren bestehende Anlagen. Dennoch geriet Meyers Hof als steinernes Zeugnis des untergegangenen Kaiserreiches ins Visier der Stadtplaner. Ein vom Stadtbezirk Wedding erwogener Ankauf des Grundstückes scheiterte aber an den hohen Bodenpreisen, die es nicht erlaubt hätten, Wohnraum mit vergleichsweise niedrigen Mieten zu schaffen.

Auf dem Höhepunkt der Weltwirtschaftskrise erwarb 1930 Dr. Alexander Tumarkin das Anwesen von der Norddeutschen Immobilien AG, die inzwischen Eigentümerin von Meyers Hof war. Dr. Tumarkin stammte aus Rumänien und hielt sich vermutlich seit 1926 in der deutschen Hauptstadt auf. Ein Jahr später wurde er jedenfalls erstmals mit seiner Wohnung, Heilbronner Straße 6, in den Adressbüchern geführt. Von Hause aus Jurist betätigte er sich in Berlin jedoch ausschließlich auf kaufmännischem Gebiet. Meyers Hof scheint ihn weniger als Kapitalanlage oder Altersversicherung denn als Sicherheit für seine Geschäfte interessiert zu haben. Sofort nach dem Kauf belieh er die Häuser, um die Gelder in anderweitige Projekte fließen zu lassen.

Unterdessen wuchs der Unmut der Mieter über die zahlreichen baulichen und hygienischen Missstände. Nachdem Verhandlungen mit Hausverwalter und Eigentümer wie auch Anzeigen bei der Baupolizei zu keinem befriedigenden Ergebnis geführt hatten, gingen die Bewohner im Dezember 1932 auf die Barrikaden und verweigerten in einer gemeinsamen Erklärung die Mietzahlungen bis zur Erfüllung ihrer Forderungen. Publizistisch vom sozialdemokratischen „Vorwärts“ und vor allem vom Zentralorgan der KPD, der „Roten Fahne“, unterstützt, zog sich der Mieterstreik bis Anfang 1933 hin.

Die Nationalsozialisten stellten sich nach ihrer Machtergreifung rückhaltlos auf die Seite des Hauseigentümers, verhafteten die Wortführer und zerschlugen den Protest. Ein Vorgang, der nicht der Ironie entbehrte. Dr. Tumarkin war Jude, was die NS-Behörden entweder übersehen hatten oder momentan für weniger relevant hielten als die Störung der öffentlichen Ordnung durch die aufbegehrenden Mieter. Dr. Tumarkin verließ Nazi-Deutschland rechtzeitig, blieb aber im Besitz von Meyers Hof, da er als rumänischer Staatsbürger nicht enteignet werden konnte. Ab 1941 führen die Adressbücher Dr. Ing. Hermann Vater als Eigentümer an, bei dem es sich um einen Geschäftspartner des Emigrierten handelte.

In den monströsen Plänen Albert Speers für die Neugestaltung Berlins zur „Welthauptstadt Germania" war neben anderen großflächigen Kahlschlägen in den innerstädtischen Bereichen auch der Abriss von Meyers Hof vorgesehen. Wegen des Krieges und seiner Folgen, die der Aggressor Deutschland zunehmend selbst zu spüren bekam, mussten alle diesbezüglichen Planungen fallen gelassen werden. Anders als gedacht, wurde das Berlin der Vorkriegszeit dennoch zu großen Teilen ausradiert. In Meyers Hof überstanden nur das Vorderhaus und das erste Quergebäude mit geringeren Schäden die Bombennächte. Die übrigen Häuser wurden zerstört. 700 Menschen verloren ihr Obdach.

Was der Zweite Weltkrieg verschont hatte, sollte durch den Stadtumbau, der seit den 1950er Jahren vom Berliner Senat in Angriff genommen wurde, endgültig verloren gehen. Obwohl sich gegen den Totalabriss der Altbausubstanz im Weddinger Teil der Rosenthaler Vorstadt durchaus Widerstand seitens der Haus- und Grundeigentümer sowie der Bewohner formierte, waren mit der nach Plänen des Architekten Felix Hinssen errichteten und von Theodor Heuss 1954 eingeweihten Ernst-Reuter-Siedlung an der Acker- und Gartenstraße bereits Fakten geschaffen worden. Zugunsten der Neubebauung verschwand 1972 schließlich auch Berlins ehemals größte Wohnhofanlage, Meyers Hof, aus dem Stadtbild.

OBEN: Werkanlage AEG Ackerstraße 76

UNTEN: Fassadendetail

Ein Vorstadtviertel wird zum Großstadtrevier

Seit den Gründerjahren hatte die Rosenthaler Vorstadt endgültig ihr kleinstädtisch ländliches Gepräge verloren. Neben der fortschreitenden Bebauung mit fünfgeschossigen Mietshäusern entstand, ähnlich wie an der südöstlichen Peripherie Berlins, in der Luisenstadt, auch hier eine schier endlose Zahl von Fabrikationsstätten. Zumeist im hinteren Teil der Wohngrundstücke untergebracht, bildete das ausschließlich als Firmengelände genutzte Grundstück Ackerstraße 50 (nachmals Nr. 76) eine frühe Ausnahme. 1857 war von Wilhelm Wedding an dieser Stelle eine Fabrik für Holzbearbeitungsmaschinen eröffnet worden, die er später um eine Eisengießerei erweiterte. Nahe der Berlin-Stettiner-Bahn und nur einen Steinwurf von der Chausseestraße, dem Zentrum der Berliner Industrialisierung, entfernt, wo sich die großen Maschinenbauanstalten und Eisengießereien von August Borsig, Louis Schwartzkopff, Friedrich Wöhlert und anderer befanden, stellte der Standort verkehrstechnisch wie auch als Reservoir gut ausgebildeter Arbeitskräfte eine exzellente Wahl dar.

So sah es wohl auch der Ingenieur und Unternehmer Emil Rathenau, der das Grundstück an der Ackerstraße 1887 erwarb und nach dem Ankauf der anderen Parzellen des Blocks zwischen Acker-, Feld-, Hussiten- und Hermsdorfer Straße (heute Max-Urich-Straße) die Werkanlagen für die AEG errichten ließ. Im Laufe der folgenden Jahre wurden immer neue Fabriken erbaut, so dass sich das Gelände der „Allgemeinen Elektricitäts Gesellschaft" schließlich bis zum Humboldthain im Norden und bis zur Brunnenstraße im Osten erstreckte. Der Konzern, der rasch an die Weltspitze rückte und alle Segmente der damals noch jungen Elektroindustrie bediente – von der Glühlampen- und Haushaltsgeräteherstellung bis hin zur Fertigung von Großmotoren, Kraftwerken und U-Bahnen war zugleich der mit Abstand größte Arbeitgeber in der Rosenthaler Vorstadt.

LINKS: Stadtbad Mitte, 1933

GEGENÜBER: Ackerhalle, Ackerstr. 23/Invalidenstr. 158

Demgegenüber hinkte die Entwicklung der Infrastruktur lange nach. Zwischen 1875 und 1885 verdoppelte sich nahezu die Zahl der Einwohner in der Rosenthaler Vorstadt von 74.584 auf 139.601. Dennoch gab es 1880 erst sechs Gemeindeschulen im Viertel und lediglich eine weiterführende Bildungsanstalt, das Humboldt-Gymnasium. Lange Schulwege und überfüllte Klassen waren die Folge. Nicht minder unzureichend gestaltete sich die seelsorgerische Betreuung, da neben der Elisabeth-Kirche und der 1873 fertig gestellten Zionskirche noch kein weiteres evangelisches Gotteshaus erbaut worden war. An Gebetshäusern für Katholiken und Juden ermangelte es vollends. Als einzige größere medizinische Einrichtung stand den Bewohnern das Lazarus-Krankenhaus zur Verfügung. Eine zentrale Einkaufsmöglichkeit, außer den Märkten unter freiem Himmel, existierte nicht.

Es sollten noch mehr als zwei Jahrzehnte vergehen, ehe den vielfältigen Anforderungen an ein Großstadtviertel nach und nach Rechnung getragen wurde. Zunächst sorgte 1880 eine private Initiative, der „Berliner Verein für Volksbäder", für die Grundsteinlegung eines Volksbades in der Gartenstraße 5. Angesichts der mangelhaften sanitären Ausstattung in den Häusern der Arbeiterquartiere dringend erforderlich, konnte es 1888 der Öffentlichkeit übergeben werden. Die Mittel zur Errichtung der Badeanstalt, die vorbildhaft für andere Bauten dieser Art in der Reichshauptstadt wurde, brachte der Kaufmann und Bankier James Henry Simon auf. An den Mäzen, der außerdem den „Hilfsverein der deutschen Juden“ mitbegründete, archäologische Expeditionen in den Orient finanzierte und den Berliner Museen kostbare Ausgrabungsfunde wie die Nofretete stiftete, erinnert am Nachfolgebau, dem Stadtbad Mitte, eine Gedenktafel.

Gleichzeitig mit der Badeanstalt entstand im Viertel die Markthalle VI. Von den Bewohnern „Ackerhalle“ genannt, gehörte sie zu einem unter städtischer Regie in Angriff genommenem Projekt, durch das einerseits die Versorgung der Bevölkerung mit frischen Lebensmitteln verbessert und andererseits die Qualität der Produkte wirksamer als auf den Wochenmärkten kontrolliert werden sollte. Um kleineren Läden nicht die Existenzgrundlage zu entziehen, war das Warenangebot in den Markthallen streng geregelt, womit die früheren Stadtväter zumindest in Fragen des Einzelhandels mehr Sensibilität bewiesen als die Verantwortlichen heutiger Kommunen.

Aufzuhalten war der Trend zu immer größeren Verkaufseinrichtungen freilich auf Dauer nicht. Nachdem er bereits am Spit-

LINKS: Ehemaliges Warenhaus Jandorf, Brunnenstraße 19-21

GEGENÜBER: Musikgymnasium „Carl Philipp Emanuel Bach", Direktionsgebäude, Rheinsberger Str. 4–5

telmarkt im alten Kölln und an der Belle-Alliance-Straße (heute Mehringdamm) in der Friedrichvorstadt zwei erste Warenhäuser eröffnet hatte, ließ der Kaufmann Adolf Jandorf 1903/04 an der Brunnenstraße 19/20, Ecke Veteranenstraße ein weiteres Warenhaus erbauen. Warenhäuser zeichneten sich im Unterschied zu den etwas später aufkommenden Kaufhäusern durch eine breitere Produktvielfalt aus. In den älteren Teilen Berlins boten sie mit Blick auf deren weniger zahlungskräftige Bewohnerschaft vor allem preiswerte Waren an. Mit dem 1905 aus der Taufe gehobenen Luxuskaufhaus KaDeWe in der Schöneberger Tauentzienstraße erschloss sich Jandorf allerdings bald auch bürgerliche und großbürgerliche Käuferschichten. Mit sieben Standorten zählte sein Warenhausimperium neben dem von Wertheim und Tietz zu einem der größten und erfolgreichsten in Berlin. 1927 erwarb der Konzern Hermann Tietz das Haus an der Brunnenstraße. In der NS-Zeit „arisiert" und unter dem Namen „Union" Vereinigte Kaufstätten GmbH Berlin weitergeführt, entging es den Zerstörungen im Krieg. Seit den 1950er Jahren residierte hier das Mode-Institut der DDR. Trotz einer Teilsanierung nach 1990 und Versuchen, das Gebäude mit neuen Geschäftsideen wieder zum Leben zu erwecken, steht es, von temporärer Nutzung abgesehen, noch immer leer. Im Rahmen der Fashion Week stellte die Fachmesse

Bright Anfang 2014 in den Räumen urbane Mode aus Bereichen wie Streetwear und Boardsport vor. Anlässlich der Fußballweltmeisterschaft 2014 nutzte der Sportartikelhersteller Nike das Gebäude als „House of Phenomenal Berlin“ für Produktpräsentationen und Events.

Ende des 19. Jahrhunderts wurde endlich der Neubau von Schulen wieder aufgenommen. Eng damit verbunden ist der Name Hermann Blankensteins, der als Stadtbaurat für Hochbau ein immenses Arbeitsprogramm bewältigte und neben einer Vielzahl anderer städtischer Bauten wie dem Polizeipräsidium am Alexanderplatz oder dem Urban-Krankenhaus allein 120 Schulen in Berlin errichtete. Bereits 1876/77 hatte er in der Rosenthaler Vorstadt für die Pläne der 89. und 96. Gemeinde-Doppelschule in der Schwedter Straße 232/234 verantwortlich gezeichnet. Nun entstanden in rascher Folge 1893 die 8. Realschule in der Rheinsberger Straße 4/5 (heute Musikgymnasium „Carl Philipp Emanuel Bach“), 1894 die 61. und 148. Gemeindeschule in der Stralsunder Straße 54 sowie 1897 die 207. und 210. Gemeindeschule in der Strelitzer Straße 42 (heute Gustav-Falke-Grundschule). Wenn es

Brunnenstraße Ecke Invalidenstraße, um 1935

der Grundstückszuschnitt erlaubte, legte Blankenstein das Direktoren- und Lehrerwohnhaus an die Straße und das eigentliche Schulgebäude in den geschützten Hofbereich. Seine grundsoliden Bauten werden, sofern sie nicht im Zweiten Weltkrieg verloren gingen, bis heute genutzt.

Ebenso wurde der Bau neuer Gotteshäuser und gemeindlicher Einrichtungen vorangetrieben. St. Elisabeth erhielt ein Pfarr und Gemeindehaus, die Versöhnungskirche an der Bernauer Straße entstand, und in Nachbarschaft des Viertels, in der Borsigstraße, konnte die Golgatha-Kirche eröffnet werden. Seit 1893 besaßen auch die Katholiken mit der St. Sebastiankirche am Gartenplatz ein eigenes Gotteshaus. Selbständige Gemeinden traten hinzu. 1903 ließen der ostpreußisch-evangelische Gebetsverein die Christuskirche in der Anklamer Straße 31 und ein Jahr später die evangelisch-methodistische Gemeinde die Erlöserkirche in der Schröderstraße 5 erbauen. Beide Kirchen wurden aus Kostenersparnis im rückwärtigen Teil der Grundstücke untergebracht.

Schon zu Beginn der 1890er Jahre, initiiert durch den Synagogenverein Beth Zion, war ein erstes jüdisches Bethaus im Viertel geweiht worden. Es befand sich, vermutlich ebenfalls im

Hof, in der Brunnenstraße 120 (ab 1895 Nr. 156). Das Amt des Rabbiners übte Leopold Höxter aus, das des Vorstehers Julius Hopp, der im Nachbarhaus, Brunnenstraße 119, wohnte und laut Adressbuch als Trödler bzw. Kleiderhändler seinen Lebensunterhalt bestritt. 1910 zog der Synagogenverein als Mieter in das eigens für ihn errichtete Hofgebäude der Brunnenstraße 33. In der Pogromnacht am 9. November 1938 geschändet und im Inneren zerstört, überstand es den Krieg und wurde in der DDR-Zeit für gewerbliche Zwecke genutzt, darunter vom VEB Berlin Kosmetik. In den 1990er Jahren rückten engagierte Anwohner das Gebäude und seine Geschichte wieder ins öffentliche Bewusstsein und ließen am Vorderhaus eine Gedenktafel anbringen. Nach der Restaurierung zog mit der 2007 eröffneten Talmud-Thora-Schule „Beis Zion" wieder jüdisches Leben ein.

Nicht nur die Berufsbezeichnung des Vorstehers Julius Hopp machte deutlich, dass es sich bei der Rosenthaler Vorstadt nach wie vor um eine Gegend sozial schwacher Schichten handelte. Arbeiter, Handwerker, Kleingewerbetreibende und Handelsleute bildeten das Gros. Viele waren in der Textilverarbeitung tätig. Allein in der Brunnenstraße 120 und den unmittelbar benachbarten Häusern gab es fünf Schneider, eine Schneiderin, eine Modistin, eine Näherin und eine Plätterin. Viele dürften für die Konfektionsfirmen am Hackeschen Markt und in der unteren Brunnenstraße tätig gewesen sein. Ungenannt blieben wohl auch hier, wie in Meyers Hof, jene finanziell noch schlechter Gestellten, die entweder nur kurze Zeit oder als Untermieter in den Häusern wohnten. Jedenfalls suchten gleich mehrere „Armen-Speisungs-Anstalten" im Viertel, darunter in der Rheinsberger Straße 15 und in der Ackerstraße 34, die gröbste Not zu lindern. Zu den Sozialeinrichtungen, die die Jüdische Gemeinde betrieb, gehörte das Ende der 1860er Jahre gegründete Reichenheimsche Waisenhaus am Weinbergsweg 13.

Weiterhin zu wünschen übrig ließ die allgemeine Gesundheitsfürsorge. Einzig eine Poliklinik für Hals-, Nasen- und Ohrenleiden sowie für Hautkrankheiten und Harnleiden in der Brunnenstraße 16 ergänzte inzwischen das Angebot des Lazarus-Krankenhauses.

LINKS: Brunnenstr. 181

GEGENÜBER: Probestrecke der Schwebebahn am Rosenthaler Tor, um 1900

Rascher schritt in der Folgezeit der Bau moderner Geschäfts- und Gewerbehofanlagen voran. Die Nachfrage danach war groß, noch größer die Aussicht auf schnellen Gewinn. In ihrem Buch „Brunnenstraße 181" haben die Architekturhistoriker Wolfgang Schäche und Norbert Szymanski aufgezeigt, wie dies im Detail vor sich ging. 1906 erwarb zunächst der Kaufmann Hermann Spanier das Anwesen für 605.000 Mark. Er „beabsichtigte, den durch die fehlenden Sanitäreinrichtungen veralteten Gebäudebestand komplett abbrechen und durch einen Neubau ersetzen zu lassen. Ob er dabei selbst als Bauherr bis zur Fertigstellung fungieren wollte oder nur als Makler für ein Bauprojekt auftrat, lässt sich nicht mehr eindeutig beantworten, denn nur acht Monate nach dem Grundstückserwerb verkaufte Hermann Spanier die Brunnenstraße 181 an den Baumeister Richard Bloss für 800.000 Mark weiter. Bei Abschluss des Vertrages wohnten beide am Kurfürstendamm in Charlottenburg, der Kaufmann im Hause Nr. 161 und der Baumeister in der Nr. 103/104. Letzteres befand sich im Eigentum des Kaufmanns Spanier und wurde von Bloos verwaltet [...] Für die Annahme, dass Richard Bloos nach dem Erwerb der Brunnenstraße 181 im August 1907 keine eigenen Entwürfe für einen Neubau eingereicht hat, spricht die erste Bekanntmachung des Bauvorhabens in Haberlandts Bauten-Nachweis vom 1. Januar 1908, die ohne Kenntnis vom zwischenzeitlichen Verkauf als ‚Bauherren' Hermann Spanier und als ‚Ausführender' Agathon Reimann benannte."[37]

Während Kaufmann Spanier mal eben 195.000 Mark einstrich, übernahm sich Bloos, der in älteren Publikationen fälschlich als entwerfender Architekt genannt wird, finanziell mit dem Projekt. Überdies lief die Vermietung nur schleppend an. Nach einer durch das Amtsgericht Berlin-Mitte verfügten Zwangsversteigerung ging der Brunnenhof – heute Brunnenhöfe – 1910 für das Mindestangebot von 1.275.150 Mark an die „Adler" Grundstückverwertungs-Gesellschaft mbH. Bloos erlitt erhebliche finanzielle Verluste. Belehrt durch die Erfahrung, gründete er ein Jahr später eine eigene Baugesellschaft, mit der er in der Spandauer Vorstadt und in Neukölln als Bauherr und Architekt auftrat. 1928 zog die Stadtbücherei Berlin-Mitte in den Brunnenhof. Aus ihr ging die heutige Bezirkszentralbibliothek Philipp Schaeffer hervor, die inzwischen zu den Hauptmietern des Komplexes gehört, aber nicht mehr im Vorderhaus, sondern in den hinteren Gebäudeteilen untergebracht ist.

Zu den vor dem Ersten Weltkrieg errichteten Gewerbehofanlagen, für die keine Wohnnutzung mehr vorgesehen war, gehört ferner die Bebauung der Brunnenstraße 188–190. Auf den drei ehemals separaten Parzellen, die die „Industriehaus Rosenthaler Tor" GmbH ohne einen Zwischenkäufer von den

Alteigentümern erwarb, entstand 1910/11 ein Geschäftshaus mit Etagenfabriken. Allerdings gab es ein ähnliches Problem wie im Brunnenhof, die Vermietung kam nur zögerlich in Gang. 1912 verzeichnete das Adressbuch erst fünf Gewerbemieter: eine Buchdruckerei, einen Bäcker, einen Fleischer, eine Damenmäntel- und eine Schuhfabrik.

Hauptgrund dafür dürften die langwierigen verkehrstechnischen Planungen gewesen sein, mit denen der Magistrat die im Norden liegenden Stadtgebiete Wedding und Gesundbrunnen zu erschließen suchte. In dem Zusammenhang hatte die „Continental Gesellschaft für elektrische Unternehmungen" aus Nürnberg 1907 in der unteren Brunnenstraße die Probestrecke für eine Schwebebahn nach Wuppertaler Vorbild erbaut. Ein Vorhaben, das vor allem bei Hauswirten und Geschäftsleuten auf Widerstand stieß, da die Eisenkonstruktion inmitten des Fahrdamms als Verschandelung des Straßenbildes empfunden und der Wegzug von Mietern bzw. das Ausbleiben von Kundschaft befürchtet wurde. Zwar war das Schwebebahnprojekt inzwischen vom Tisch, da die AEG 1910 den Zuschlag für den Bau einer Untergrundbahn erhalten hatte, aber die massiven Tragstützen der Schwebebahn wurden erst 1913 abgebrochen. Ende des Jahres begannen die Tunnelarbeiten. Dazwischen zwängten sich die Straßenbahnlinien 22 (Müllerstraße bis Rixdorf), 23 (Gesundbrunnen bis Potsdamer Straße) und 24 (Weddingplatz bis Potsdamer Straße) hindurch. Es gab andere Orte in Berlin, die sich zum Einkaufsbummel und Flanieren anboten.

Infolge des Ersten Weltkrieges kam der U-Bahn-Bau ins Stocken und schließlich ganz zum Erliegen. Nach einem Prozess, den die Stadt gegen die AEG-Schnellbahn AG führte und 1919 gewann, wurde die AEG-Tochter aufgelöst. Es sollte bis 1926 dauern, ehe die Bauarbeiten – nun in städtischer Verantwortung – wieder aufgenommen werden konnten. Erst 1930 fand die Eröffnung der im Stil der Neuen Sachlichkeit gestalteten U-Bahnhöfe Rosenthaler Platz und Bernauer Straße statt. Sie entstanden nach einem Typenentwurf von Alfred Grenander unter Mitarbeit von Alfred Fehse.

U-Bahnhof Bernauer Straße

Neben der Fertigstellung der U-Bahn-Linie Gesundbrunnen-Neukölln (GN, später Linie D, heute U8) zählte das Stadtbad Mitte während der Weimarer Republik zu den Großprojekten im Viertel. Auf dem Grundstück der alten Volksbadeanstalt in der Gartenstraße 5 ließ die Stadt 1929/30 einen weitläufigen Neubau errichten, der nicht mehr nur mit Wannenbädern aufwartete, sondern auch mit medizinischen Bädern, Saunen, Ruheräumen, einer Terrasse zum Sonnenbaden und der ersten Schwimmhalle Europas, die über ein 50-Meter-Becken verfügte.

OBEN: Kaufhaus Paul Held Nachf., um 1904
UNTEN: KZ Oranienburg (Sammellager), 1933

In der NS-Zeit

Aus der Reichstagswahl am 6. November 1932 waren die Nationalsozialisten in Berlin mit einem Stimmenanteil von rund 25,9 Prozent als zweitstärkste politische Kraft hervorgegangen. Das lag zwar unter dem im gesamten Deutschen Reich erzielten Ergebnis von 33,0 Prozent, zeigte aber, dass die NSDAP inzwischen auch in der Reichshauptstadt einen starken Rückhalt besaß. Im bürgerlichen Steglitz hatte sogar mehr als jeder Dritte (36,0 Prozent) braun gewählt, in Mitte mehr als jeder Vierte (25,8 Prozent) und im „roten" Wedding immerhin noch fast jeder Fünfte (17,9 Prozent). Bei der schon nicht mehr freien Reichstagswahl am 5. März 1933 – Sozialdemokraten und Kommunisten war es praktisch untersagt, Wahlwerbung zu betreiben, und auch bürgerliche Parteien sahen sich massiven Behinderungen gegenüber – verschoben sich die Gewichte weiter zugunsten der NSDAP, die in Berlin 34,6 Prozent verbuchen konnte und die KPD vom ersten Platz verdrängte. Dass den Nazis und der mit ihnen verbündeten Deutschnationalen Volkspartei dennoch eine knappe linke Mehrheit gegenüberstand, sollte bald schon keine Rolle mehr spielen. Die beiden Arbeiterparteien, untereinander zerstritten und zu keinem gemeinsamen Handeln fähig, wurden zerschlagen, ihre führenden Funktionäre ebenso wie Regimegegner aus dem bürgerlichen Lager ermordet oder eingesperrt. Andersdenkende, sofern sie sich nicht auf Linie bringen ließen, verloren ihre Anstellung in den Verwaltungen und im Gesundheitswesen, in Justiz und Polizei, in Schulen und Hochschulen, in Rundfunk und Presse. Staat und öffentliches Leben wurden gleichgeschaltet.

Unterschiedslos von den Zwangsmaßnahmen des NS-Regimes war die jüdische Bevölkerung betroffen. Parallel zu den Entlassungen aus dem öffentlichen Dienst begann ihre Verdrängung auch „aus den freien Berufen, aus Handwerk und Industrie, aus Handel und Verkehr".[38] Der Antisemitismus, nicht nur hoffähig gemacht, sondern zur Staatsdoktrin erhoben, schuf die Voraussetzung zur Vergiftung der Atmosphäre und nachbarschaftlichen Beziehungen. Von Teilen der Kundschaft boykottiert, mussten Geschäfte schließen, Ärzte ihre Praxen aufgeben, weil ihnen die Kassenpatienten entzogen wurden. Die Arbeitslosigkeit unter den Juden wuchs. Armut bis hinein in den Mittelstand griff um sich.

Der Exodus jüdischer Geschäfte, Firmen und Praxen setzte sofort und nicht erst nach der Pogromnacht ein. Bereits 1933 kam es zu einer ersten Schließungswelle. Die Rosenthaler Vorstadt bildete da keine Ausnahme. So verschwanden allein in den alten Voigtlandstraßen das Herrenbekleidungshaus „Norden" von Siegfried Falkenstein (Brunnenstraße 5), die Augenarztpraxis von Dr. Wertheim (Brunnenstraße 192), das Herrenkonfektionsgeschäft Cendrowicz (Ackerstraße 6/7), das Rechtsbüro von Max Lublinski (Bergstraße 15) oder das Herrenkonfektionsgeschäft von Arnold Stern (Gartenstraße 115). Willy Grohnem, vormals Inhaber einer Autowäscherei, blieb zwar als Mieter in der Brunnenstraße 11 wohnen, wird im Adressbuch von 1934 aber nur noch als „Hausdiener" geführt. Der Zahnarzt Dr. Max Stutzki, aus der Brunnenstraße 182 gedrängt oder vertrieben, hatte immerhin drei Häuser weiter in Nr. 185 ein neues Domizil gefunden. Die Häuser Brunnenstraße 183, vordem im Besitz des Modehauses Aron, und Ackerstraße 14/15, Eigentümer war Bernhard Halsband gewesen, standen unter Zwangsverwaltung.

Und der Ausgrenzungsprozess ging weiter. In den folgenden Jahren mussten der Dentist Wilhelm Robert in der Brunnenstraße 4 aufgeben, der Damenkonfektionär Carl Bogen in der Brunnenstraße 16, die Rechtsanwälte Dr. Robert Sprinz, ebenfalls Brunnenstraße 16, und Dr. Georg Arnheim in der Brunnenstraße 194. Erich Jacobowitz war gezwungen, sein Haus und die von ihm betriebene Aeskulap-Apotheke in der Gartenstraße 19 zu verkaufen. Dies alles geschah, noch ehe die Berufsverbotsgesetze für jüdische Ärzte (25. Juli 1938), Rechtsanwälte (27. September 1938) sowie Zahnärzte, Tierärzte und Apotheker (17. Januar 1939) in Kraft traten. Zu Angriffszielen in der Pogromnacht und bald darauf arisiert wurden das Möbel- und Warenhaus B. Feder in der

Spuren jüdischen Lebens, Brunnenstraße 25, 1995

Elsässer Straße 1/2 sowie das Warenhaus Paul Held Nachfolger in der Invalidenstraße 162–164, Ecke Brunnenstraße.

Ebenso nahm die Zahl der jüdischen Wohnungsmieter stetig ab. Die Rosenthaler Vorstadt wie auch der gesamte Stadtbezirk Mitte mit seinen vielfältigen jüdischen Gemeindeeinrichtungen, darunter der Neuen Synagoge in der Oranienburger Straße, dem Gotteshaus der Adass Jisroel Gemeinde in der Artilleriestraße (heute Tucholskystraße), der Knabenschule in der Großen Hamburger Straße, der Mädchenschule in der Auguststraße oder dem Altersheim in der Großen Hamburger Straße, war von jeher eine bevorzugte Wohngegend der Juden gewesen. 1933 lebten 24.425 von ihnen in Mitte. Das entsprach einem Anteil von 9,18 Prozent an der Gesamtbewohnerschaft des Stadtbezirks. Mehr jüdische Einwohner hatten nur Charlottenburg (27.013) und Wilmersdorf (26.607) vorzuweisen.

Das Gesetz vom 30. April 1939 entzog Juden den Mieterschutz. Damit verbunden waren Wohnungsverlust und Zwangseinweisung in Sammelunterkünfte, in so genannte Judenhäuser. Eine Vorhölle, die die Schriftstellerin Inge Deutschkron in ihrem Buch „Ich trug

Nordbahnhof

den gelben Stern“ beschrieben hat. Drei Jahre nach der endgültigen Ausgrenzung begann in Berlin die Deportation der jüdischen Bürger in die Vernichtungslager.

Mit dem frei gewordenen Wohnraum suchten die Behörden, der chronischen Wohnungsnot abzuhelfen und die nichtjüdische Bevölkerung ruhig zu stellen, denn zugunsten von Bauten für Staat und Partei rangierte der Wohnungsbau an hinterer Stelle. Er erreichte zu keiner Zeit die Zahlen vor der nationalsozialistischen Machtübernahme. So waren 1930 in Berlin 43.854 Wohnungen fertig gestellt worden, denen 1937 – als mit Abstand bestes Ergebnis – 18.746 Wohnungen gegenüberstanden.

In der Rosenthaler Vorstadt tat sich während der gesamten NS-Zeit im Wohnungsbau nichts. Das Baugeschehen beschränkte sich auf drei am westlichen Rand bzw. schon außerhalb des Viertels gelegene Projekte: den 1934 begonnenen Nord-Süd-Tunnel der S-Bahn mit dem heutigen Nordbahnhof, das gegenüber gelegene Verwaltungsgebäude der Reichsbahn in der Invalidenstraße 130/131 und das Postamt N 4 Am Stettiner Bahnhof (heute Am Nordbahnhof 3-5), Ecke Invaliden- und Zinnowitzer Straße. Für den S-Bahnhof und den Verwaltungsbau oblag die Planung Reichsbahnoberrat Günther Lüttich. Für das Postamt zeichnete Georg Werner verantwortlich, der zuvor in München und Augsburg tätig gewesen war, ehe er als Architekt ans Reichspostamt nach Berlin wechselte, dessen Chefarchitekt er später wurde. Das für den Berliner Norden zuständige Postamt wurde in moderner Stahlskelettbauweise ausgeführt und erhielt eine Travertinverkleidung. Die Verwendung traditioneller Werkstoffe bei der Fassadengestaltung entsprach ganz dem Architekturverständnis im Dritten Reich. Auf monumentale Wirkung abzielend, sollte gleichzeitig der Eindruck althergebrachter deutscher Handwerkskunst vermittelt werden. Eigentlich der baulichen Moderne verpflichtet, beugte sich Werner hier unübersehbar dem neoklassizistischen Formwillen eines Albert Speer. Der 1936 fertig gestellte Gebäudekomplex war, was für seine durchdachte Funktionalität sprach, durch einen Tunnel mit dem Stettiner Fernbahnhof verbunden.

Am 1. September 1939 entfesselte Hitler mit dem Überfall auf Polen den Zweiten Weltkrieg. Nach den schier unaufhaltsamen militärischen Siegen der Anfangszeit wendete sich ab 1943 das Blatt und der Krieg kehrte dorthin zurück, von wo er ausgegangen war. Am 2. Mai 1945 kapitulierte Berlin. Die Innenstadt glich einem Ruinenfeld. Kaum ein Gebäude, das von den Luftangriffen der Alliierten und den Straßenkämpfen bei der Einnahme der Stadt durch die Rote Armee nicht betroffen worden war. „Von den 24.300 Gebäuden im Stadtgebiet waren, wie im November 1945 ermittelt, über 30 Prozent total oder schwer beschädigt, in den Stadtbezirken Mitte und Tiergarten über 50 Prozent […] Nach der Arbeitsstättenzählung vom 12. August 1945, die den Stand vom 31. Juli 1945 feststellte und damit den Zustand der Berliner Wirtschaft unmittelbar nach dem Kriegsende analysierte, ergab sich, dass von den 277.628 Betrieben des Jahres 1939 nur noch 117.845 Arbeitsstätten vorhanden waren. Das bedeutete einen Verlust von 57,6 Prozent."[39]

Auch die Rosenthaler Vorstadt hatte immense bauliche Schäden davongetragen. Zahlreiche Wohnhäuser waren zerstört, teilweise ganze Straßenzeilen ausradiert worden. Der Stettiner Bahnhof, einige Schulen und die St. Elisabeth-Kirche lagen in Trümmern.

Trümmerfrauen in Berlin Mitte, 1946

„Auferstanden aus Ruinen“

Bald nach Ende des Zweiten Weltkrieges und der von den Siegermächten vorgenommenen Aufteilung Berlins in den sowjetischen, amerikanischen, englischen und französischen Sektor zeichnete sich die politische und wirtschaftliche Spaltung der Stadt ab. Der Weddinger Teil der Rosenthaler Vorstadt kam unter die Verwaltung der französischen Militäradministration, der im Stadtbezirk Mitte befindliche Teil unter sowjetische Herrschaft. Die beiden Stadtteilhälften wurden nicht mehr nur durch die Stadtbezirksgrenze, sondern durch den Eisernen Vorhang getrennt.

Folgenreich sollte auch die am 20. Juni 1948 eingeführte DM in den westlichen Besatzungszonen Deutschlands werden. Die Sowjetische Militäradministration SMAD, mit der das Vorgehen nicht abgestimmt war, reagierte ihrerseits vier Tage später mit einer eigenen Währungsreform in Berlin und Ostdeutschland. Von den Westalliierten in ihren Sektoren für ungültig erklärt, antwortete die SMAD darauf mit der völligen Abriegelung Westberlins vom Umland. Die fast ein Jahr lang bis zum 12. Mai 1949 aufrechterhaltene Berlin-Blockade verfehlte zwar die von den Sowjets erhoffte Wirkung, weil Amerikaner, Briten und Franzosen zur Versorgung der Bevölkerung eine Luftbrücke eingerichtet hatten, aber die politische und administrative Einheit der Stadt war zerschlagen. Die Gründung der beiden deutschen Staaten 1949 vertiefte zusätzlich den Graben.

Für die Rosenthaler Vorstadt bedeutete dies, dass sie nunmehr zwei unterschiedlichen Wirtschafts- und Gesellschaftssystemen angehörte.

Als eine der Folgen davon wird heute nur noch das zum ehemaligen Ostberlin gehörende, also südlich der Bernauer Straße gelegene Gebiet als Rosenthaler Vorstadt bezeichnet. Für das sich nördlich der Bernauer Straße erstreckende Quartier ist inzwischen der Name „Brunnenviertel“ gebräuchlich.

Während die Westberliner Wirtschaft nach Aufhebung der Blockade Fahrt aufnahm und die Geschäfte sich mit begehrten Waren füllten, herrschte im sowjetisch besetzten Teil der Stadt weiterhin Mangel am Nötigsten. Neben planwirtschaftlichen Vorgaben, die den Aufschwung behinderten, musste im Osten außerdem die Demontage von Industrieanlagen und -betrieben verkraftet werden, an der die Sowjetunion im Rahmen der Reparationsforderungen noch bis 1953 festhielt. Im Westteil war die Demontage bereits Ende 1949 gestoppt worden.

Zu den ungünstigeren Startbedingungen gehörte auch, dass Ostberlin als Hauptstadt der DDR bis 1956 keinerlei Staatszuschüsse erhielt, sondern als „eine gebende Gebietskörperschaft im DDR-Finanzausgleich" fungierte. Auf Anordnung der Regierung realisierten „Ostberliner Baubetriebe mit ihren Beschäftigten von 1949 bis 1970 ein Bauvolumen von 5,7 Milliarden Mark (Ost) beim ‚Aufbau der materiell-technischen Basis der Volkswirtschaft' in anderen Bezirken [...] Das entsprach einem auf der Preisbasis von 1988 umgerechneten Bauvolumen von 13,6 Milliarden Mark. Damit verzögerte sich der Wiederaufbau der östlichen Stadtteile um annähernd 8–10 Jahre."[40]

Verbliebene Mittel wurden in das Großprojekt Stalinallee gesteckt. Ältere Stadtteile, so auch die Rosenthaler Vorstadt, hatten das Nachsehen. Mehr als die Enttrümmerung des Viertels und die zumeist notdürftige Instandsetzung kriegsbeschädigter Häuser konnten nicht geleistet werden. Das 1952 errichtete Wohnhochhaus Invalidenstraße 134 bildete eine der Ausnahmen. Erst in den 1960er und 1970er Jahren setzte in größerem Umfang der Bau neuer Wohnungen, Schulen und Verkaufseinrichtungen ein. Dennoch gab es bis Anfang der 1980er Jahre noch zahlreiche Brachen, die der Krieg geschlagen hatte.

Fatal wirkte sich in diesem Zusammenhang das Festhalten der DDR-Regierung an den Vorkriegsmieten aus. Waren im Westen die Mieten für Neubauwohnungen 1960 um 15 Prozent angehoben und 1963 für Altbauten freigegeben worden, blieben im Osten entsprechende Maßnahmen aus. Gelder, die allenthalben

Strelitzer Straße Ecke Rheinsberger Straße, 1953

fehlten, um neuen Wohnraum zu schaffen und den Wohnungsbestand grundlegend zu sanieren.

Zum Kraftakt für die Verantwortlichen der DDR gestaltete sich die in den 1980er Jahren in Angriff genommene Bautätigkeit, mit der Ostberlin zur 750-Jahr-Feier herausgeputzt werden sollte. An der Torstraße (Wilhelm-Pieck-Straße) ließ man Lücken mit Plattenbauten schließen und historische Gebäudeensembles in den umliegenden Straßen rekonstruieren. Dabei wurden die Fassaden zumeist in vereinfachter Form wiederhergestellt, die Innenräume aber brachial „modernisiert“. In der aus der Gründerzeit stammenden Gartenstraße 115 etwa erhielten die Zimmerdecken gemusterte Tapeten, um die Fehlstellen zu kaschieren, die durch das Entfernen des Stucks entstanden waren. Ähnlich sah es in anderen grundüberholten Häusern aus.

Angesichts der Innenstadtlage und des ohnehin chronischen Wohnungsmangels zählten die mit Bädern, WCs und Gasthermen zur Warmwasserversorgung ausgestatteten „Reko-Wohnungen“ trotz allem zu den gefragten Mietobjekten.

Berliner Mauer, Strelitzer Straße, um 1961

Vom Mauerbau zum Mauerfall

Die unumschränkte Herrschaft des SED-Regimes im Verbund mit der zurückbleibenden Entwicklung der Wirtschafts- und Lebensverhältnisse führte unter der DDR-Bevölkerung schon früh zur Abstimmung mit den Füßen. Bis zum Mauerbau 1961 verließen rund drei Millionen Menschen das Land in Richtung Westen. Eine der großen Fluchtwellen löste die Niederschlagung des Volksaufstandes vom 17. Juni 1953 aus.

Am Aufstand hatten sich auch zahlreiche Beschäftigte aus Firmen der Rosenthaler Vorstadt beteiligt, darunter der Polstermöbelhersteller Hermann Gärtner, nachmals VEB Parat, in der Brunnenstraße 181. Die Wortführer unter ihnen durften nicht mit Milde des Staates rechnen. In einem Bericht der Betriebsparteiorganisation (BPO) an die übergeordnete Leitung heißt es bezeichnenderweise: „Am 17.6.53 haben die Genossen erreicht, daß nur ein kleiner Teil des Betriebes (hauptsächlich Polsterer und Dekorateure) ihren Arbeitsplatz verließ. Davon kehrte wiederum der größte Teil bereits nach kurzer Zeit an den Arbeitsplatz zurück. Am 18.6.53 arbeitete der Betrieb wieder vollzählig. Durch die kämpferische Haltung der Genossen konnte der Provokateur G. entlarvt werden.“[41] Als einziger Ausweg blieb in solchen Fällen, sofern Polizei oder Staatsicherheit nicht schon zugegriffen hatten, nur die Flucht in den freien Teil der Stadt.

Ohne dass der Flüchtlingsstrom in den folgenden Jahren entscheidend abnahm, verstärkte er sich zu Beginn des Jahres 1961 nochmals, als die DDR-Propaganda zunehmend gegen den dem Westen unterstellten Menschenhandel und die angebliche Abwerbung von Fachkräften Front machte. Ins Visier gerieten dabei auch die so genannten „Grenzgänger“, Menschen, die im Ostteil der Stadt wohnten und im Westteil arbeiteten. Sie gingen nunmehr das Risiko ein, aus den Zügen geholt und festgenommen zu werden. Vielen von ihnen wurde vorbeugend der Personalausweis abgenommen.

OBEN: Abriegelung des Sowjetsektors, 1961

GEGENÜBER: Versöhnungskirche nach Sprengung des Kirchenschiffs, 1985

In den Morgenstunden des 13. August 1961 schließlich riegelten Einheiten der Nationalen Volksarmee, der Volkspolizei und der Betriebskampfgruppen die Zugänge zum Westen ab. Entlang der Sektorengrenze wurden Panzer aufgefahren, Stacheldrahtzäune gezogen sowie sämtliche S- und U-Bahnhöfe in Grenznähe für Ostberliner geschlossen. Nach und nach entstand aus dem Provisorium eine massive Mauer aus Hohlblocksteinen, später aus Beton.

In der Rosenthaler Vorstadt zerriss der Mauerbau die letzten Verbindungen zwischen beiden Stadtteilhälften. Verwandte und Freunde, Nachbarn und Arbeitskollegen wurden getrennt. Sämtliche Verkehrswege von Ost nach West und umgekehrt waren zu Sackgassen geworden. Die S- und U-Bahnstationen Nordbahnhof, Rosenthaler Platz und Bernauer Straße führten die Existenz von Geisterbahnhöfen. Im Viertel verlief die Demarkationslinie entlang der Bernauer Straße und der ehemaligen Berlin-Stettiner Eisenbahnlinie an der Gartenstraße. Die Versöhnungskirche stand im Todesstreifen und konnte nicht mehr genutzt werden.

Am 28. Januar 1985, viereinhalb Jahre vor dem Mauerfall, wurde der Kirchturm gesprengt, nachdem bereits wenige Tage zuvor das Kirchenschiff dem Erdboden gleichgemacht worden war.

Dramatische Szenen spielten sich in den Tagen und Wochen unmittelbar nach dem Mauerbau im Umfeld der Bernauer Straße ab. „Immer wieder kam es hier, anders als am übersichtlichen Brandenburger Tor, das inzwischen unpassierbar war, zu spektakulären ‚Grenzdurchbrüchen'. Häufig genügte dabei ein Sprung aus dem sich im Ostteil befindenden Wohnhaus auf den davor liegenden, zum Westsektor gehörenden Bürgersteig, um sich der Hoheit des SED-Regimes zu entziehen. Nachdem die unteren Etagen der Häuser zugemauert worden waren, eskalierte die Situation in der Bernauer Straße: Hier war mit der bei einem Sprung aus dem Fenster tödlich verunglückten Ida Siekmann auch das erste Opfer des Mauerbaues zu beklagen."[42]

Nachdem es bis in den September 1961 hinein Menschen immer wieder gelungen war, sich die unübersichtliche Situation an der Bernauer Straße und rund um die Versöhnungskirche zu Nutze zu machen und die Grenzanlagen zu überwinden, wurde von den DDR-Behörden am 25. September die Zwangsräumung der Häuser verfügt. 137 Familien mussten innerhalb von zwei bis drei Stunden ihre Habe packen und die Wohnungen verlassen. Die Häuser wurden verbarrikadiert, sämtliche Fenster zugemauert. Ab 1962 begann zunächst der Abriss einzelner Hintergebäude, ab 1965 der Abriss der kompletten Häuser-

OBEN: Grenzsoldaten entdecken einen Fluchttunnel, Brunnenstraße Ecke Bernauer Straße, 1971

GEGENÜBER: Lichtinstallation zum 25. Jahrestag des Mauerfalls

zeile an der Ostseite der Bernauer Straße. Dabei gingen auch das Pfarrhaus der Versöhnungsgemeinde und das Burckhardthaus, ein Wohnheim für Diakonissen, verloren.

Die Flucht der Menschen vollends zu unterbinden, vermochten die DDR-Grenzorgane jedoch nicht. Bereits 1962 entstanden erste Fluchttunnel entlang der Bernauer Straße. Ihre Zahl stieg bis 1971 auf mindestens zwölf. Obwohl die meisten Bauten, wie der in der Kremmener Straße 15, scheiterten, weil sie verraten oder vorzeitig entdeckt wurden, gelang es doch allein hier, an der Nahtstelle zwischen Mitte und Wedding, mehr als 100 Personen den Weg in den freien Teil Berlins zu bahnen. Die erfolgreichsten Fluchttunnel waren der „Tunnel 29" und der „Tunnel 57".

Der „Tunnel 29" wurde von der Schönholzer Straße 7 auf Weddinger Seite zur Bernauer Straße 79 gegraben und ermöglichte am 14./15. September 1962 29 Menschen die Flucht. An den waghalsigen Bau hatte sich eine Gruppe junger Leute um die italienischen Studenten Domenico Sesta und Luigi Spina gewagt, zu denen außerdem der aus der DDR geflohene Hasso Herrschel stieß. Roland Suso Richters 2001 herausgebrachter Spielfilm „Der Tunnel" mit Heino Ferch und Nicolette Krebitz, Sebastian Koch und Alexandra Maria Lara in den Hauptrollen beruht im Kern auf den damaligen Vorgängen.

Dem „Tunnel 57", von Wolfgang Fuchs und seinen Freunden in Angriff genommen, ging ein Vorgängertunnel voraus, durch den in der Nacht des 7./8. Januars 1964 drei Frauen in den Westen gebracht werden konnten. Danach von der DDR-Staatsicherheit entdeckt, wurde der Tunnel unpassierbar gemacht. Fuchs und Mitstreiter ließen sich dadurch nicht entmutigen und gruben einen zweiten, ebenfalls 145 Meter langen Tunnel. Nur wenige Schritte entfernt, verlief er parallel zum alten Tunnel und führte abermals vom Keller der Bernauer Straße 97 zur Strelitzer Straße 54/55. Gedenktafeln an beiden Orten erinnern heute daran, dass zwischen dem 3. und 5. Oktober 1964 insgesamt 57 Männer, Frauen und Kinder auf diesem Weg in den Westen gelangten. Ein mit Abhörtechnik ausgestatteter Gegentunnel, den die DDR anlegen ließen, verhinderte in der Folgezeit den Bau weiterer Fluchttunnel.

Von der Dauerhaftigkeit der Teilung Berlins ausgehend, setzten hier wie dort unterschiedliche planerische, bauliche und soziale Prozesse ein. Der gemeinsame Ursprung beider Stadtteile wie auch der Name Rosenthaler Vorstadt geriet in Vergessenheit. Neue Zugehörigkeiten und Identifikationen bildeten sich heraus.

Auf Weddinger Seite wurde dem Altbaubestand zwischen Garten- und Wolliner Straße seit den 1960er und 1970er Jahren mittels Abrissbirne großflächig zu Leibe gerückt. Stattdessen schossen Neubaukomplexe aus dem Boden, die zwar über modernen Wohnkomfort und begrünte Innenblockflächen verfügten, aber nicht viel mehr als „Schlafstädte" darstellten.

Bis heute mangelt es hier an urbaner Infrastruktur. Kleine Geschäfte, Cafés, Stätten der Kultur, kurzum, alles was ein Stadtviertel lebendig macht und zum Bummeln einlädt, fehlt fast vollständig. Allein in der oberen Ackerstraße, nahe dem Gartenplatz, gibt es ein paar Einkaufsmöglichkeiten. Es verwundert kaum, dass die Bernauer Straße eine Art Äquatorlinie bildet, über die hinaus sich kaum ein Tourist verirrt.

Nur wenige historische Gebäude wie die Wohnanlage Hussitenstraße 4/5, die ehemalige AEG-Apparatefabrik in der Ackerstraße 71–76 mitsamt den Erweiterungsbauten in der Hussitenstraße 23, Ecke Voltastraße oder die ehemalige Gemeindeschule in der Strelitzer Straße 42 blieben zumindest teilweise erhalten.

Die Ostberliner Denkmalpflege prägte für den zu ihrem Bereich gehörenden Teil des Viertels den Begriff „Äußere Spandauer Vorstadt". Mittel zum Erhalt der Bausubstanz waren beschränkt, was den Verfall des Quartiers beschleunigte.

Als die DDR im vierzigsten Jahr ihres Bestehens wirtschaftlich, politisch und moralisch am Ende war und mit der Maueröffnung am 9. November 1989 eher unbeabsichtigt ihre Selbstauflösung einleitete, hatten beide Hälften der einstigen Rosenthaler Vorstadt äußerlich nur noch wenig mehr gemein als einige der grenzübergreifenden historischen Straßennamen.

OBEN: Ehemaliges AEG-Apparatewerk, Ackerstraße 71–76
UNTEN: Erweiterungsbau Hussitenstraße 23 Ecke Voltastraße

OBEN: Brunnenstraße 10

UNTEN: Schokoladen e. V., Ackerstraße 169–170

In die Mitte gerückt

Am 2. Dezember 1990 fanden die Wahlen zum Gesamtberliner Abgeordnetenhaus statt, in deren Ergebnis die Stadt erstmals wieder gemeinsam regiert und verwaltet wurde. Vom Rand der „Hauptstadt der DDR" rückte die Rosenthaler Vorstadt in die Mitte des vereinten Berlins und erhielt durch Senatsbeschluss 1994 den Status eines Sanierungsgebietes. Die Verordnung trat am 4. Dezember in Kraft und eröffnete dem baulich heruntergekommenen Viertel eine neue Perspektive.

Mit der Eingrenzung des zwischen Bernauer- und Schönholzer Straße im Norden, Torstraße im Süden, Berg- und Ackerstraße im Westen sowie Ruppiner-, Anklamer-, Fehrbelliner- und Brunnenstraße im Osten gelegenen Gebietes wurde jedoch noch einmal klar, dass unter der Rosenthaler Vorstadt ausschließlich der zum Stadtbezirk Mitte gehörende Teil zu verstehen ist.

Ehe aber überhaupt die Sanierungsverordnung vom Senat erarbeitet und beschlossen worden war, hatte zu Beginn der 1990er Jahre schon die alternative Szene die Rosenthaler Vorstadt für sich entdeckt. Leer stehende Häuser wurden besetzt, Wohn- und Kulturprojekte ins Leben gerufen. Es sollte die anarchischste, gleichwohl kreativste Phase in der fast 250-jährigen Geschichte des Viertels werden.

Den Anfang machte Heiner Behr, der seit 1978 in der Ackerstraße 18 eine Werkstatt für Künstlerbedarf unterhielt. Als die Kommunale Wohnungsverwaltung zehn Jahre später das aus der Gründerzeit stammende Haus entmietete, wurde es von ihm und Künstlerfreunden besetzt. Räumungsversuchen zu DDR-Zeiten trotzend, gründeten die Künstler nach der Wende eine Initiativgruppe, die den Gebäudekomplex schließlich kaufte und 1993 bis 1996 in Selbsthilfe sanierte. Im Künstlerhaus am Acker e.V. sind heute außer Wohnateliers die Galerie Art Acker, die Töpferei Altenstein und das Antiquariat Wiederhold & Mink untergebracht.

Kunst- und Kulturhaus ACUD, Veteranenstraße 21

Lange um ihren Fortbestand mussten die nichtkommerziellen Kulturprojekte bangen, die sich unter dem Dach des Vereins Schokoladen in der Ackerstraße 169/170 zusammengefunden haben. Der Besetzung des Gebäudes, in dessen Hof sich ehemals eine Schokoladenfabrik befand, war ein mehr als zwei Jahrzehnte währendes Ringen zwischen Verein, Eigentümer und Senat gefolgt, ehe 2012 die Räumungsklage vom Tisch war und eine dauerhafte Lösung für Bewohner und Nutzer, darunter mehrere Ateliergemeinschaften, den „Club der Polnischen Versager“, das Theater AckerStadtPalast und das Kneipenkollektiv „Schokoladen“, gefunden werden konnte. Die Schweizer Stiftung Edith Maryon, die sich die Förderung sozialer Wohn- und Arbeitsstätten auf die Fahnen geschrieben hat, erwarb die Immobilie vom Besitzer (dem vom landeseigenen Liegenschaftsfond ein Ersatzgrundstück in Aussicht gestellt wurde) und gab es in Erbpacht an den Schokoladen e. V. Die Zukunft scheint damit gesichert.

Nachdem andere nicht an Gewinn orientierte Projekte, so die Brunnenstraße 183 mit dem Umsonst-Laden, zwangsgeräumt wurden, nehmen das Künstlerhaus am Acker, der Verein Schokoladen, der Subversiv e. V. für linke Lebensqualität in der Brunnenstraße 7 oder das Kunst- und Kulturhaus ACUD in der Veteranenstraße 21 Inselstellungen in der immer teurer werdenden Rosenthaler Vorstadt ein.

Das ACUD, das sich der Kultur- und Jugendarbeit verschrieben hat, ging aus einer 1990 am Prenzlauer Berg gegründeten Produzentengalerie hervor. Aus den dort zu klein gewordenen Räumen zogen die Künstlerinnen und Künstler 1991 an den heutigen Standort. Es gelang, mit dem Land Berlin einen Vertrag auf der Grundlage eines Selbsthilfeprojektes auszuhandeln, der es ermöglichte, den baulich vernachlässigten Komplex in Eigenleistung instand zu setzen. Neben Kino, Theater und Galerie warten im ACUD auch das Sessioncafé, die Kneipe MAX FISH und der Calabash Club mit einer Vielzahl von kulturellen Aktivitäten auf.

Ab Mitte der 1990er Jahre begann Zug um Zug die Sanierung der Rosenthaler Vorstadt mit folgenden Zielen: „Wesentliches Element des Erneuerungskonzeptes ist der Umgang mit der bestehenden Stadtstruktur, die wegen ihrer städtebaulichen Eigenart und ihrer Bedeutung für die Entwicklungsgeschichte Berlins zu erhalten ist. Eine Erhaltungsverordnung nach § 172 BauGB zur Unterstützung dieser Zielvorgaben ist nach förmlicher Festlegung des Sanierungsgebietes zur dauerhaften Sicherung der Stadtstruktur aufzustellen. Stadtgestalterische Konzeption ist die Beibehaltung bzw. Wiederherstellung der Blockrandbebauung. Dies ist jedoch eher Orientierungsrahmen als unumstößliches Prinzip, denn im Einzelfall kann die ‚grüne Lücke' eigene Qualitäten entwickeln.

Der Bereich um die Elisabeth-Kirchruine/Realschule/Pappelplatz ist neu zu ordnen. Für die Grundstücke Ackerstraße 3 und 4 und Brunnenstraße 193/194 ist eine Bebauungskonzeption weiterzuentwickeln.

Die Gebäudehöhe von Neubau als Lückenschließung soll sich an der vorhandenen Traufhöhe orientieren. Der Blockinnenraum ist grundsätzlich von zusätzlicher Bebauung freizuhalten.

Ausnahme bildet der niedrig geschossige Neubau für den Gemeinbedarf (Kita, Schulerweiterung etc.) umgeben von Frei- und Grünflächen. Quergebäude als Neubau reproduzieren die städtebaulichen Missstände des 19. Jahrhunderts und sind abzulehnen. Maßstab und Duktus sollen sich am Vorhandenen orientieren. Bei der Instandsetzung und Modernisierung sollen Grundelemente der historischen Gestaltung (Aufteilung der Fenster, Fassaden, Gesimsbänder o. ä.) als Orientierungsrahmen verbindlich sein. Dies gilt auch für rückwärtige Gebäudeteile. Vor 1870 entstandene niedrig geschossigere Gebäude sollen nicht überformt oder aufgestockt werden, sondern im Stadtbild ablesbar bleiben."[43]

Als die Sanierungsverordnung für die Rosenthaler Vorstadt 2009 förmlich aufgehoben wurde, waren diese Ziele im Wesentlichen erreicht. Wer heute im Viertel unterwegs ist, darf sich an wiederhergestellten Straßenzeilen, restaurierten Fassaden und erneuerten Höfen sowie an neu gestalteten bzw. neu geschaffenen Grünanlagen und Spielplätzen wie dem Pappelplatz und seiner Skate- und Streetballanlage, dem Volkspark am Weinberg, dem Zille-Spielplatz in der Bergstraße, dem AckerPark in der Ackerstraße 158–161/Bergstraße, dem Eiszeit-Spielplatz in der Strelitzer Straße 5/6 oder dem Flugzeug-Spielplatz in der Strelitzer Straße 10–13 erfreuen. Der historische Charakter des Quartiers tritt wieder hervor und bildet die Folie für einen inzwischen quicklebendigen Stadtraum im alten Berlin.

Nicht gelungen ist es, der dramatischen Verdrängung sozial Schwächerer entgegen zu wirken. Kommune und Bürgerengagement, namentlich die Betroffenenvertretung, konnten Härten mildern, aufzuhalten war der Prozess nicht. Das „Koordinationsbüro zur Unterstützung der Stadterneuerung Berlins" zog das Fazit: „Die Bilanz der Mietobergrenzen fällt ernüchternd aus, wenn sie an den mit ihrer Einführung verbundenen Zielen gemessen wird. In der ersten Phase nach 1995 mit der nur einjährigen Festschreibung wurden sie von den Eigentümern akzeptiert, aber bereits 1998 und insbesondere ab 2000 mit der fünfjährigen Festschreibung nicht mehr. Ab diesem Zeitpunkt bis zum rechts- und

Fehrbelliner Straße 45–48

bestandskräftigen Urteil des Bundesverwaltungsgerichts ist die faktische Wirkung gleich Null. Zuvor war sie nur gering, so dass die Wirkung über die elf Jahre, innerhalb derer das Instrument nach den formalen Sanierungszielvorgaben auf der Basis der Beschlüsse des Bezirksamtes Mitte anzuwenden war, insgesamt nur als sehr gering eingeschätzt werden kann."[44]

Darüber hinaus führten Luxussanierungen und die Umwandlung von Mietwohnungen in Wohneigentum, Ferienapartments, Arztpraxen und Anwaltskanzleien zusätzlich zur Verknappung bezahlbaren Wohnraums mit dem Ergebnis, dass die Bewohnerschaft fast gänzlich ausgetauscht wurde. In ihrem 2014 mit dem Grimme-Preis ausgezeichneten Dokumentarfilm „Betongold. Wie die Finanzkrise in mein Wohnzimmer kam" schildert Katrin Rothe ein drastisches Beispiel der Verdrängung von Mietern in der Bergstraße. Längst fürchten sogar Zugezogene um ihre Zukunft im Viertel. Im Laufe ihrer Geschichte hat die Rosenthaler Vorstadt einige soziale Skandale erlebt. Es scheint, als sollte das 21. Jahrhundert mit dem Skandal einer noch nie dagewesenen Verdrängung der Altmieter keine Ausnahme bilden.

Dietrich Bonhoeffer, 1944

Persönlichkeiten des Viertels

Als kleinbürgerlich proletarisches Viertel hat die Rosenthaler Vorstadt in ihrer Vergangenheit nur wenige Persönlichkeiten von Rang hervorgebracht oder beherbergt. Einige später berühmt Gewordene verschlug es als Studenten auf der Suche nach billigen Zimmern hierher, andere aus beruflichen Gründen. Wieder andere kamen, um sich der sozialen Not der hier Lebenden anzunehmen. Zu ihnen gehörte Constantin Liebich (1847 bis 1928). Der gebürtige Breslauer war als Drechslergeselle nach Berlin gekommen, wo er unter dem Einfluss des Hofpredigers Adolf Stoecker und dessen Christlich-Sozialer Partei journalistisch und schriftstellerisch zu arbeiten begann. 1883 veröffentlichte er den Roman „Der Somnambule oder der schlafende Prediger“. Es folgten Bücher wie „Obdachlos. Bilder aus dem sozialen und sittlichen Elend der Arbeitslosen“, „Im Abgrund“ oder „Ein Arbeitsheer“.

Im Gedächtnis geblieben ist Liebich allerdings nicht als Autor sozialkritischer Erzählungen und Studien, sondern als einer, der aus christlicher Nächstenliebe tätige Hilfe leistete. Seit 1882 veranstaltete er in der Oranienstraße, dann am Weddingplatz und schließlich in den vereinseigenen Räumen in der Ackerstraße morgendliche Andachten für Obdachlose, bei denen es ein Frühstück gab. Die „Schrippenkirche“, wie sie der Volksmund bald nannte, wurde eine Berliner Institution.

Gleichzeitig hatte Liebich den Verein „Dienst an Arbeitslosen“ gegründet, der es sich zur Aufgabe machte, Hilfe zur Selbsthilfe zu leisten. 1900 konnten die Grundstücke Ackerstraße 52 und Hussitenstraße 71, später auch noch das Grundstück Ackerstraße 51 erworben werden. In den folgenden Jahren richtete der Verein hier ein Heim für obdachlose Jugendliche, eine Schreibstube und die Brockensammlung ein. Der Name der Einrichtung leitete sich vom Althochdeutschen brocko („abgebrochenes Stück“) ab. Sie bestand aus unterschiedlichen Werkstätten, in denen auf Müllplätzen gesammelte Gegenstände repariert und in einem eigenen

OBEN: Schrippenkirche, Ackerstraße 136/137
GEGENÜBER: Gerhart Hauptmann, 1890

Geschäft, dem „Kaufhaus des Wedding", preiswert an die Bevölkerung verkauft wurden. Obdachlose, die mitarbeiteten, bekamen auf diese Weise kein Almosen, sondern einen Lohn. 1908 zog sich Liebich, inzwischen 62-jährig, als Direktor des Vereins zurück und gab seinen Wohnsitz in der Ackerstraße 52 auf. Zuletzt in der Kreuzbergstraße 44 wohnend, fand er auf dem Dreifaltigkeitsfriedhof II an der Bergmannstraße 39–41 die letzte Ruhe.

Unter dem NS-Regime war das soziale Engagement des Vereins „Dienst an Arbeitslosen" nicht mehr erwünscht. Er musste 1939 die entsprechenden Einrichtungen schließen und sich in Schrippenkirche e. V. umbenennen. Ein Teil der im Zweiten Weltkrieg beschädigten Gebäude wurde nach dem Kriegsende zwar wieder instandgesetzt, der Komplex aber 1980 schließlich abgerissen. Eine Gedenktafel am Nachfolgebau Ackerstraße 52 erinnert an das Wirken Liebichs.

Nach dem Krieg führten Diakonissen den Schrippenkirche Verein weiter. 1979 wurde in der Ackerstraße 136/137, schräg gegenüber dem früheren Standort und in Nachbarschaft zum heutigen Dokumentationszentrum Berliner Mauer, ein neues Haus eröffnet. Es dient als Heim für geistig behinderte Menschen. Verbunden mit dem Verein ist die gemeinnützige Grenzfall GmbH, die seit 2010 ein Hotel und Restaurant betreibt, in dem überwiegend Menschen mit Behinderung tätig sind.

Das Anliegen, bedrängten Menschen Hilfe zu leisten, machte sich im späten 19. Jahrhundert auch Minna Schwarz (1859 bis 1936) zu Eigen. Gemeinsam mit anderen hatte sie 1888 zunächst den ersten Frauenverein der Loge Bnai Brith und 1913 im Hof der Brunnenstraße 41 ein Heim für mittellose ledige Schwangere, alleinstehende Mütter und deren Kleinkinder gegründet. Im Laufe der Zeit um eine Mütterberatungsstelle und eine staatlich anerkannte Ausbildungsstätte für Säuglings- und Wöchnerinnenpflege erweitert, entstand 1932 zusätzlich ein jüdisches Altersheim.

Eine vom Verein Brunnhilde e. V. initiierte und 2012 am Vorderhaus enthüllte Gedenktafel verweist auf das weitere Schicksal der Einrichtung, die die Nationalsozialisten ab 1940 in eines der berüchtigten „Judenhäuser“ verwandelten. Mehr als 100 Bewohner und Angestellte wurden von hier aus in die Vernichtungslager verschleppt.

Nach Bildhauerstudium in Breslau, Geschichtsstudium in Jena und zweijährigem Aufenthalt in Italien kam 1888 der junge Gerhart Hauptmann (1862 bis 1946) in die Spreemetropole, um seine Studien fortzusetzen und Schauspielunterricht zu nehmen. Gemeinsam mit einem Freund wohnte er in der am Alten Garnisonfriedhof gelegenen Kleinen Rosenthaler Straße zur Untermiete und empfing hier, unweit des Rosenthaler Platzes, die ersten Eindrücke von Berlin.

In seiner Autobiografie „Das Abenteuer meiner Ju-

Theodor Heuss, 1902

gend“ schrieb er später: „Wir kamen im Rosenthaler Viertel unter. Es ist eine Gegend, die man kennen muss, um zu wissen, dass sie mit dem Westen Berlins nicht in einem Atem zu nennen ist. Wir hatten Zimmer im ersten Stock und blickten auf einen Kirchhof hinaus [...] Um das Rosenthaler Tor sah ich Berlin aus der Froschperspektive. Dort wurde man mit den Strömungen der Massen hin und her bewegt, jederzeit in Gefahr, darin zu versinken. Wie oft beim Scheine des nächtlichen Gaslichts habe ich mich von ihnen drängen und schieben lassen, von der unendlich bunten Fülle menschlicher Typen in Bann gehalten [...] Man war beinah kein einzelner mehr, sondern war in den Volkskörper, in die Volksseele einbezogen. Man erlebte hier weniger sich als das Volk und war mit ihm ein Puls, ein und dasselbe Schicksal geworden.“[45]

In Berlin reifte Hauptmanns Entschluss, Schriftsteller zu werden. 1899 wurde im Lessing-Theater sein Stück „Vor Sonnenaufgang“ uraufgeführt, das einen Theaterskandal verursachte, ihm aber den literarischen Durchbruch brachte. Für sein Schaffen, das der deutschsprachigen Dramatik wieder internationale Geltung verschaffte, erhielt er 1912 den Literaturnobelpreis.

Wie Hauptmann wurde auch der aus dem württembergischen Brackenheim gebürtige Theodor Heuss (1884 bis 1963) streng genommen kein Bewohner der Rosenthaler Vorstadt, sondern eines benachbarten Viertels. In diesem Fall der Oranienburger Vorstadt. Der 20-jährige nahm 1903 ein Studium der

Nationalökonomie an der Berliner Universität auf und fand – eher zufällig als beabsichtigt – eine Unterkunft in der Elsasser Straße 38 (heute Torstraße 199, DDR-Neubau).

„Das Zimmer war geräumig, südwärts im vierten Stock, von der Sonne freundlich behandelt. Das nächste Semester offenbarte, daß die Kneiplokale gleich zweier Studentenverbindungen den Hof angrenzten – Grund genug, die eigenen Heim- und Fremd-Termine auf die entsprechenden Abende abzustimmen. Ich habe in dieser Bude meine erste Bekanntschaft mit Wanzen gemacht und mich mit der ein bißchen, doch nicht zu sehr verlegenen Belehrung abfinden müssen – und abgefunden: das sei so in dieser Gegend […] Aber wenn es mich, nachdem ich Berlin kennengelernt und bei Freunden in Charlottenburg, auch in Treptow reizende Möglichkeiten gesehen hatte, in der Elsasserstraße hielt, hartnäckig und treu, dann doch eben nur, um Paula Kliemchen nicht wehe zu tun [...] Der Mann war Schlosser bei Borsig, abends müde, in einer etwas brummigen Art behaglich, sie aber war großartig in ihrer mütterlichen Besorgtheit, ihrem nüchternen Witz, der mir nicht ohne Selbstironie den Klatsch aus allen übrigen Stockwerken zutrug – eine füllige Person, um die sechzig herum, aus den Formen gegangen und nur an den Sonntagen adrett angezogen […] Was ich bisher in der Literatur konsumiert hatte, Berliner Kleinbürgertum mit seinem unpathetisch-verständigen Wesen, in dem steckte ich jetzt mittendrin.“[46]

Nach seiner Promotion in München wurde er 1905 Mitarbeiter und zwei Jahre später Leiter des politischen Ressorts an der von Friedrich Naumann in Berlin herausgegebenen Zeitschrift „Die Hilfe“. 1910 trat er in die Fortschrittliche Volkspartei ein und betätigte sich neben seiner journalistischen Tätigkeit seither aktiv in der Politik. Noch viele Jahre lang hielt er Kontakt zu Familie Kliemchen in der Elsasser Straße.

Als Liberaler gehörte er von 1924 bis 1933 dem Reichstag an. 1932 war seine kritische Studie „Hitlers Weg“ erschienen, die unter dem NS-Regime prompt der Zensur zum Opfer fiel. In dieser Zeit hielt er sich als Autor von Biografien, darunter über seinen politischen Ziehvater Friedrich Naumann sowie den Architekt Hans Poelzig, über Wasser. Journalistisch konnte er nur noch unter Pseudonym veröffentlichen. Nach dem Ende der Nazi-Diktatur nahm er seine politische Tätigkeit wieder auf. 1949 zum Bundesvorsitzenden der Freien Demokratischen Partei gewählt, rückte Theodor Heuss im selben Jahr zum Bundespräsidenten der jungen Bundesrepublik Deutschland auf.

Ein Kind der Rosenthaler Vorstadt ist der Komponist Max Butting (1888 bis 1976). Er wurde als Sohn eines Eisenwarenhändlers in der Brunnenstraße 148 (vormals Nr. 116) geboren. Von der musisch begabten Mutter, die ein Diplom als Klavierlehrerin besaß und deren Großvater der bekannte Bildhauer Ludwig Wichmann war, erhielt er den ersten Unterricht. Später nahm sich der Berliner Organist und Chorleiter Arnold Dreyer seiner an.

Butting studierte ab 1909 in München an der Akademie der Tonkunst, u. a. bei Felix Mottl. Nach dem Ersten Weltkrieg, den er wegen gesundheitlicher Probleme nicht als Soldat hatte mitmachen müssen, kehrte er nach Berlin zurück, wo er zunächst als Gehilfe im Geschäft des Vaters arbeitete. Die Musik blieb dennoch bestimmendes Element. Der „Eisenhändler und Komponist", wie er sich nicht ohne Ironie selbst nannte, suchte die Begegnung mit Musikerkollegen und schloss sich 1921 der linken Künstlergemeinschaft „Novembergruppe" an, zu der außer Architekten und bildenden Künstlern auch Musiker und Schriftsteller gehörten. In diesem Rahmen leitete er mehrere Jahre lang die musikalischen Veranstaltungen der Künstlergruppe und führte Werke der nationalen und internationalen Avantgarde auf. Daneben trat er als Musikpublizist hervor. Der Durchbruch als Komponist gelang ihm mit seiner 3. Sinfonie, die 1929 anlässlich eines Konzertes des „Bundes für Neue Tonkunst" in Königsberg und wenige Wochen später auf dem „Festival der Internationalen Gesellschaft für Neue Musik" in Genf – jeweils unter dem Dirigat von Hermann Scherchen – aufgeführt wurde.

Noch im Januar 1933 in die Preußische Akademie der Künste aufgenommen, war sein von Arnold Schönberg und Igor Strawinski

Carows Lachbühne:
Erich Carow in
„Ein alter Flickschuster“, 1936

beeinflusstes Schaffen unter den braunen Machthabern allerdings als Kulturbolschewismus verpönt. 1939 übernahm er die Eisenwarenhandlung des inzwischen verstorbenen Vaters und trat bald darauf, um das Geschäft und die Zukunft der eigenen Familie nicht zu gefährden, der NSDAP bei. In der DDR gehörte Max Butting zu den Mitbegründern der Ostberliner Akademie der Künste. Sein vielgestaltiges Schaffen umfasst Orchesterwerke, Kammermusiken, Klavierwerke, Vokalmusiken und die nach einem Text von Hedda Zinner entstandene Oper „Plautus im Nonnenkloster“.

Am Weinbergsweg 18/19 befanden sich das „Walhalla-Theater-Varieté“ und im Keller das Restaurant „Walhalla-Tunnel“. 1927 etablierte der aus Dresden stammende Sänger, Komiker und Kabarettist Erich Carow (1893 bis 1956) im „Tunnel“ seine legendäre „Lachbühne“, von der sich nicht nur das kleinbürgerliche Publikum, sondern auch die intellektuelle Elite Berlins angezogen fühlte.

Heinrich Mann gehörte zu den illustren Gästen und schrieb 1929 für die „Vossische Zeitung“: „Der Alltag kehrt auf heitere Weise zurück, wenn der Gesangskomiker eine kleinbürgerliche Kaffeetafel schildert. Der Kaffee ist aus Hafermehl und kann mit dem Messer geschnitten werden. Dafür ist der Kuchen trinkbar. Das ist keine Komik für den Westen. Sie wäre dort unverständlich. Hier in dem großen Keller am Weinbergsweg denkt jeder, daß es dem anderen passieren könnte, und lacht dröhnend. Der große, als Theater ausgebaute Keller enthält die Blüte der umwohnenden Jungmannschaft. Liebespaare, die Familien, und für die selbständigen Kaufleute ist eine Weinterrasse da. Alle konsumieren kräftig. Dies muß auch sein, denn der Eintritt kostet nur sechzig Pfennige. Dafür hat man eine nicht ganz frische Luft, aber ein Programm, das von siebeneinhalb bis ein Uhr währt. Es ist auch sonst nicht zu verachten.

Nach dem Chanson Krumme Lanke würde sich mancher Prominente die Finger lecken. Der Gesangskomiker hat es selbst gemacht. Krumme Lanke reimt in jeder Strophe mit ‚Banke'. Auf den verschiedenen Bänken sitzt dasselbe Paar in der Zeit der Verliebtheit, der Heirat, der Scheidung. Der Sinn ist, wie fragwürdig doch die Beziehungen der Geschlechter und das menschliche Glück sind. Das wäre nicht weiter zum Lachen, wenn jeder es einzeln für sich merkt. Aber tausend Personen, die einem Komiker zuhören, sind imstande, es unendlich lächerlich zu finden, und das tröstet sie. Krumme Lanke wird alle Abende aus dem Publikum verlangt. Der Sänger tut so, als verstände er die Beliebtheit des Liedes nicht. Aber er versteht sie."[47]

Erich Carow wurde das Vorbild für Gabriele Tergits 1931 erschienenen Roman „Käsebier erobert den Kurfürstendamm", und Carl Zuckmayer hatte für ihn eigentlich die Rolle des „Hauptmanns von Köpenick" geschrieben, die in der Uraufführung am Deutschen Theater 1931 dann aber Werner Krauss übernahm. Nach der Kriegszerstörung des Hauses am Weinbergsweg eröffnete Carow 1955 eine neue Bühne „Gatow am See" im Westteil der Stadt.

Mit Eltern und Geschwistern verschlug es Erwin Geschonneck (1906 bis 2008) als Zweijährigen aus dem ostpreußischen Bartenstein nach Berlin. In der Ackerstraße 6/7 fand die Familie eine Bleibe. Der Sohn eines Flickschusters und spätere Schauspieler, der 1931 erstmals in dem Arbeiterfilm „Kuhle Wampe" vor die Kamera trat, schreibt in seiner Autobiografie „Meine unruhigen Jahre": „Das Stettiner Karree, die Umgebung des damaligen Stettiner Bahnhofs, die Invalidenstraße und auch die Ackerstraße wa-

Erwin Geschonneck, Neue Schönhauser Straße, 1993

ren in den zwanziger Jahren Brutstätten der Prostitution. Der billigste Strich war hier zu Hause. Das Gebäude in der Ackerstraße, in dem wir wohnten, besaß sieben Aufgänge mit drei Höfen. Im vierten Quergebäude befanden sich die ‚Borussia-Festsäle'. Diese Festsäle in unserem Haus spielten eine nicht zu unterschätzende Rolle in meinen Kindheitsfreuden [...]

Am häufigsten fanden am Sonntag im großen Festsaal Theateraufführungen statt. Sie wurden von Laien aus Theatervereinen veranstaltet. Besonders der Theaterverein ‚Thalia' hatte es mir angetan. Schon am Sonnabend brachten die Mitglieder der Vereine ihre geliehene Theatergarderobe in großen Wäschekörben auf Handwagen ins Haus. Es waren Postangestellte, kleine Handwerker, Arbeiter. Hier bekam ich meine ersten Theatereindrücke. Gespielt wurden meist Schwänke und Operetten, auch Heimatstücke von Sudermann zum Beispiel. Und während ich meine mitgebrachten Stullen aß, war ich ganz hingerissen von dem Zauber, der von der Bühne ausging [...]

Fast täglich, außer sonntags, fanden bei ‚Borussia' Witwenbälle statt. Wenn die Betrunkenen nachts durch die Höfe wankten, gab es meist ungeheuren Krach und Schlägereien. Ich wachte davon immer auf. Meine große Schwester Käthe nahm mich manchmal zu solch einer Tanzveranstaltung mit. Das waren erregende Augenblicke für mich. Ich war ungefähr dreizehn Jahre alt, frühreif wie alle Großstadtkinder. Und ab und zu durfte ich einmal mit einer Freundin von ihr tanzen. Oft gab es kein Licht, weil die Arbeiter der AEG streikten. Dann wurde bei Karbidbeleuchtung geschwoft."[48]

Als Kommunist vor den Nationalsozialisten geflohen, wurde Geschonneck nach dem Einmarsch der Wehrmacht in die Tschechoslowakei, wo er sich zuletzt aufhielt, verhaftet. Jahre in Konzentrationslagern folgten. Beim Untergang der „Cap Arkona", mit der bei Kriegsende tausende von Häftlingen verlegt werden sollten, um ihre Befreiung durch die Alliierten zu verhindern, war er einer der wenigen Überlebenden. Nach dem Krieg holte ihn Ida Ehre an die Hamburger Kammerspiele. 1949 wechselte er in das von Bertolt Brecht und Helene Weigel gegründete Berliner Ensemble nach Ostberlin. Ab den 1950er Jahren machte er sich vor allem als Film- und Fernsehdarsteller einen Namen. Rollen in Filmen wie „Karbid und Sauerampfer" oder „Jakob der Lügner" ließen ihn zu einem Star in der DDR werden. Erwin Geschonneck starb im März 2008, wenige Monate nach seinem 101. Geburtstag. Heute wohnt im Viertel eine ganze Reihe namhafter Schauspielerinnen und Schauspieler.

Neben den „Borussia-Festsälen" gab es in den 1920er Jahren im Viertel zahlreiche weitere Vergnügungsetablissements, so in der Brunnenstraße 184 oder in der Gartenstraße 6 die „Colibri-Festsäle", vormals Fritz Schmidt's Restaurant und Festsäle. Das Gebäude im Hof des Grundstückes, zu DDR-Zeiten von einer Schlosserei genutzt, verfiel mit den Jahren immer mehr und befand sich zuletzt in einem ruinösen Zustand. Inzwischen wird es im Auftrag des Immobilienentwicklers Dirk Moritz saniert und restauriert. Unter dem Namen „Secret Garden" soll hier in den nächsten Jahren ein Kreativhaus entstehen.

Am bekanntesten waren wohl „Behrens-Festsäle" in der Elsässer Straße 10, Ecke Ackerstraße, „wo ein ‚Bombenbetrieb' bei

‚elektrischen Lichteffekten' herrscht", wie Curt Moreck in seinem 1931 veröffentlichtem „Führer durch das ‚lasterhafte' Berlin" zu berichten wusste.[49] Die Tradition der Tanzsäle führte bis 2014 das „Ballhaus Mitte", vormals „Altdeutsches Ballhaus", in der Ackerstraße 144 fort.

Kindheits- und Jugendjahre verbinden sich auch bei der Dichterin Christa Reinig (1926 bis 2008) mit der Rosenthaler Vorstadt. Als uneheliche Tochter einer Zeitungs- und Putzfrau geboren, zog sie 1932 mit der Mutter in ein Zimmer in der Ackerstraße 156. Ihrem autobiografischen Roman „Die himmlische und die irdische Geometrie" vertraute sie an: „In diesem einen Raum aßen wir, schliefen wir, machte ich meine Schularbeiten, dort arbeitete mein Stiefvater, Onkel Gottlieb, an seinem perpetuum mobile, und meine Mutter kochte und wirtschaftete herum. Nach dem Gebrauch der Zeit nannte man so etwas eine ‚Wohnküche'. Meine Mutter, die einen Zug zum Höheren in sich fühlte, bestand darauf, daß es eine ‚Kochstube' sei. Das Klo zu diesem Wohnraum war das Gemeinschaftsklo der Kellerbewohner und befand sich im 2. Hausflur. Wir wohnten aber gar nicht im Keller, sondern im 4. Stock unter dem Dach […]

Ich darf niemandem sagen, wo wir wohnen, weil die Gegend so verrufen ist. Wenn ich gefragt werde, sage ich ‚Ackerstraße hundert!' Mutti ist entsetzt: Das ist ja noch schlimmer, da ist die Schrippenkirche (Heilsarmee). Im gleichen Quergebäude zwei Treppen unter uns wohnt das Geschwisterpaar Heini und Dorchen Gresch. Sie prügeln sich jeden Tag."[50]

An der Arbeiter- und Bauern-Fakultät erwarb Christa Reinig das Abitur und studierte an der Humboldt-Universität Kunstgeschichte und christliche Archäologie. Bis 1963 war sie als wissenschaftliche Assistentin am Märkischen Museum tätig. Ihre literarischen Arbeiten wurden seit Anfang der 1950er Jahre nicht mehr in der DDR gedruckt. Als sie 1964 den Bremer Literaturpreis erhielt und zur Preisverleihung in den Westen reisen durfte, nutzte sie die Gelegenheit, um in der Bundesrepublik zu bleiben.

Die Autorin, die sich im Alter offen zu ihrer Homosexualität bekannte, trat mit Lyrik und Prosa sowie mit Hör- und Fernsehspielen hervor. Sie war Mitglied des PEN und Stipendiatin der Villa Massimo. 1968 wurde sie mit dem renommierten Hörspielpreis der Kriegsblinden ausgezeichnet. Christa Reinig, die heute schon ein wenig vergessen ist, starb 82-jährig in München.

Einer derer, die sich aus beruflichen Gründen in der Rosenthaler Vorstadt niederließen, war der Theologe Heinrich Wolfgang Seidel (1876 bis 1945). Er trat im Sommer 1907 die Stelle als zweiter Pfarrer am Lazarus-Krankenhaus in der Bernauer Straße an, die er bis Februar 1914 innehatte. Neben der Seelsorge, die ihn wohl nicht vollends in Anspruch nahm, begann er sich verstärkt dem Schreiben zu widmen. 1912 erschienen die „Erinnerungen an Heinrich Seidel“, seinen berühmten Vater, der als Ingenieur die spektakuläre Hallenkonstruktion des Anhalter Bahnhofs entworfen und als Autor den Erfolgsroman „Leberecht Hühnchen“ verfasst hatte. Im Jahr darauf debütierte HW, wie ihn seine Frau Ina Seidel nannte, als Erzähler mit dem Band „Der Vogel Tolidu“. Bis heute gelesen werden seine 1902 für die Eltern geschriebenen witzigen und humorvollen Briefe aus dem Vikariat in Boitzenburg („Drei Stunden hinter Berlin“), die ihn als genauen Beobachter des Alltagslebens auszeichnen. Seine Vorliebe für das Mystische und sein religiöser Nationalismus brachten ihn jedoch später in den Dunstkreis der Nationalsozialisten.

Noch bekannter als ihr Mann wurde Ina Seidel (1885 bis 1974). Das Paar, Cousin und Cousine, hatte wenige Wochen vor der Übersiedlung ins Lazarus-Krankenhaus in Berlin-Lichterfelde geheiratet. Ina Seidel begann alsbald auf Streifzügen die Umgebung zu erkunden und sich mit dem Quartier vertraut zu machen.

In ihrem „Lebensbericht 1885–1923“ findet sich ein hinreißendes Stück Großstadtprosa über „ihr“ Viertel: „Wenn gegen Abend vom Friedhof her eine Glocke mit monotonem Gebelfer verkündet hatte, daß die Besucher sich nun zu entfernen hätten, daß die Toten wieder allein sein wollten, wenn dann die Fabriksirenen von nah und fern Feierabend meldeten und Kinder und Großmütter von der Straße verschwunden waren, abgelöst durch die müde von der Mühsal des Tages heimkehrenden Väter, wenn nun die Nacht niedersank und der weite Himmel über dem Friedhof im Widerschein der Bogenlampe und Lichtreklamen der Innenstadt dunstig rot zu erglühen begann – dann kam dem, der darauf horchte, auch das niemals verstummende Selbstgespräch der Stadt zu Bewußtsein. Wer dann die einst von Conrad Ferdinand Meyer angerufene Muse nach den Nachtgeräuschen befragt hätte, den hätte sie wohl zunächst auf das vom Stettiner Bahnhof unablässig herüberhallende metallene Dröhnen und Klirren rangierender Güterzüge hingewiesen. Dazu kam bis nach Mitternacht das Räderrollen und der schwere Hufschlag der in ihr Depot heimkehrenden Omnibusse und ihrer pflastermüden Gäule und bis in die ersten Morgenstunden der selig selbstvergessene, wenn auch nicht wohllautende Gesang bacchisch begeisterter, aus den zahlreichen ‚Destillen' der Umgegend heimkehrenden Mitbürger, zuweilen auch ihre streitbaren Auseinandersetzungen mit den immerhin vorhandenen Wächtern der Ordnung. In den im Winter noch dunklen Stunden vor Sonnenaufgang aber rückten die Mannschaften der Städtischen Straßenreinigung mit Rossen und Wagen – Sprengwagen – an, um das Straßenpflaster mit Besen und Schippen zu bearbeiten, keineswegs lautlos, aber immer noch schonender als das Korps der Müllabfuhr, das, von Haustür zu Haustür ziehend, die herausgestellten Abfalltonnen mit dem Gerassel einer gigantischen Weckuhr in seine Karren entleerte. Dann aber hatte auch das Rollen der zum Dienst fahrenden Omnibusse wieder begonnen und das hastende Wandern des anonymen Heeres der Arbeit."[51]

Ihren literarischen Neigungen ging Ina Seidel zunächst im „Verborgenen" nach. Das änderte sich, als sie nach der Geburt des ersten Kindes 1908 an Kindbettfieber erkrankte, das zu einer Entzündung im Hüftgelenk und zu einer irreversiblen Gehbehinderung führte. Während der langwierigen Rekonvaleszenz wurde das Schreiben für sie existentiell. Zwischen 1914 und 1918 brachte sie vier Gedichtbände und einen Roman heraus. In den

1920er Jahren machte sie mehr und mehr als Erzählerin auf sich aufmerksam. 1930 erschien ihr Roman „Wunschkind“, der eine Millionenauflage erreichte und sie zu einer der erfolgreichsten deutschsprachigen Schriftstellerinnen werden ließ. Weltanschaulich und ästhetisch vertrat sie Positionen ähnlich denen Heinrich Wolfgang Seidels und geriet wie er in die Nähe der NS-Ideologie. Ihr 1970 veröffentlichter „Lebensbericht“ endet bezeichnenderweise lange vor Hitlers Machtantritt.

1938 eröffnete der aus Hochneukirch in Sachsen stammende Peter Bamm (1897 bis 1975) eine chirurgische Facharztpraxis in der Gartenstraße 1, die er auch noch während der Kriegsjahre unterhielt. Er war mehrere Jahre als Schiffsarzt und nebenher als Journalist für die „Deutsche Allgemeine Zeitung“ tätig gewesen. Nach der Gleichschaltung des Blattes durch die Nazis verzichtete er auf die ihm angebotene weitere Mitarbeit und wechselte an die Wochenschrift „Deutsche Zukunft“, die von Fritz Klein, dem geschassten Chefredakteur der DAZ, gegründet wurde. Später in den Fokus der Gestapo geraten, trat Bamm als Militärarzt in die Wehrmacht ein.

Sein vielbeachtetes literarisches Debüt hatte er 1935 mit dem Band „Die kleine Weltlaterne“, einer Sammlung pointierter Prosastücke, gegeben. 1951 erschien sein Erlebnisbericht „Die unsichtbare Flagge“ aus der Zeit als Stabsarzt im Zweiten Weltkrieg. Das Buch wurde in der restaurativen Adenauer-Ära ein Bestseller trotz oder gerade wegen des darin behaupteten Gegensatzes zwischen moralisch integrer und aufopferungsvoll kämpfender Truppe einerseits und verbrecherischer nationalsozialistischer Führung andererseits. Das mochte den Nerv hunderttausender Kriegsheimkehrer getroffen haben, übersah aber geflissentlich, dass die Wehrmacht Teil des Systems und selbst für zahllose Gräuel verantwortlich war. Nach dem Krieg lebte Peter Bamm in Bayern und Baden-Baden, zuletzt in der Schweiz.

Keinen Kompromiss mit dem NS-Regime ging Dietrich Bonhoeffer (1906 bis 1945) ein. In Breslau geboren, wuchs er seit 1912 in Berlin-Grunewald auf. Sein Vater, der Mediziner Karl

Peter Bamm, 1962

Bonhoeffer, war auf einen Lehrstuhl an die Berliner Universität berufen worden. Die Mutter, Paula Bonhoeffer, entstammte der angesehenen Familie des Potsdamer Hofpredigers und nachmaligem Oberkonsistorialrat in Breslau Karl Alfred von Hase.

Dietrich Bonhoeffer studierte in Tübingen und Berlin Theologie. Der Promotion folgten zwei Examen am Konsistorium in Berlin. Dazwischen absolvierte er ein Vikariat in Barcelona und habilitierte sich 1930 mit der Arbeit „Akt und Sein“. Nach einem einjährigen Studienaufenthalt in New York, wo er in einer Harlemer Gemeinde Jugendarbeit mit Schwarzen leistete, wurde er 1931 ordiniert und trat das Amt des Studentenpfarrers an der Technischen Universität an. Wenig später ereilte ihn die Bitte seitens der Berliner Generalsuperintendantur, eine Gruppe von Konfirmanden der Zionsgemeinde zu übernehmen. Die Jungen – ein Teil von ihnen hatte arbeitslose Eltern – galten als überaus schwierig.

Eberhard Bethge, ein Freund Bonhoeffers, überlieferte von dessen Antrittsbesuch folgenden Bericht: „Der alte Pfarrer betrat mit Bonhoeffer das Treppenhaus der mehrstöckigen Schule. Oben hingen die Kinder über das Geländer, machten einen unbeschreiblichen Lärm und ließen Unrat auf die beiden Männer herabfallen. Oben angekommen, mühte sich der Pfarrer die wilde Schar mit Geschrei und brachialer Gewalt in den Klassenraum zurückzudrängen. Er versuchte zu sagen, daß er einen neuen Pfarrer brächte,

Dietrich Bonhoeffer, 1935

der sie unterrichten wolle, sein Name sei Bonhoeffer. Kaum hörten sie diesen Namen, fielen sie immer lauter ein: ‚Bon, Bon, Bon!' Der Alte verließ resignierend den Raum. Bonhoeffer blieb, die Hände in den Taschen, schweigend an der Wand stehen. Minuten vergingen. Daß der Neue so gar nicht reagierte, machte das Lärmen allmählich weniger genußvoll. Da begann Bonhoeffer mit leiser Stimme zu sprechen, nur die Jungen in der vordersten Reihe konnten etwas verstehen. Mit einem Male war alles still. Bonhoeffer bemerkte nur, sie hätten ihm eine ansehnliche Vorstellung geboten, und erzählte ihnen daraufhin eine kurze Geschichte aus Harlem. Wenn sie ihm zuhören würden, wolle er ihnen das nächste Mal mehr erzählen. Er entließ sie und brauchte sich von da an kaum mehr über einen Mangel an Aufmerksamkeit bei den Jungen zu beklagen."[52]

Um den Jugendlichen nahe zu sein und ihren Lebensalltag zu teilen, mietete Bonhoeffer, entgegen dem Rat von Freunden, ein Zimmer in der Oderberger Straße 61, wo er für seine Konfirmanden jederzeit erreichbar war und von ihnen regelrecht belagert wurde. Nach der Konfirmation unternahm er mit einem Teil von ihnen noch eine Harzreise.

Ab 1933 engagierte sich Bonhoeffer in der kirchlichen Opposition und gründete gemeinsam mit Pastor Martin Niemöller und anderen den Pfarrernotbund als Antwort auf Bestrebungen der „Deutschen Christen“, die Evangelische Kirche Deutschlands in eine der NS-Ideologie konforme „Reichskirche“ zu überführen. Aus dem Bund ging ein Jahr später die Bekennende Kirche hervor. Nach einer knapp zweijährigen Tätigkeit als Pfarrer in London wurde Bonhoeffer zum Direktor eines Predigerseminars der Bekennenden Kirche ernannt.

Seit 1937 sah er sich wachsender Schikanen und Restriktionen durch das Regime ausgesetzt, die in ein reichsweites Redeverbot und schließlich in ein Druck- und Veröffentlichungsverbot mündeten. 1943 erfolgte seine Einlieferung in das Militäruntersuchungsgefängnis Tegel. Nach dem Attentat Stauffenbergs auf Hitler entdeckte die Gestapo 1944 seine Verbindung zu Hans von Dohnanyi und dessen Widerstandsgruppe innerhalb der von Canaris geleiteten Abteilung Abwehr. Zunächst ins Gefängnis in der Berliner Prinz-Albrecht-Straße verbracht, gehörten die Konzentrationslager Buchenwald und Flossenbürg zu Dietrich Bonhoeffers weiteren Leidensstationen. Nach einem Scheinprozess wurde er im KZ Flossenbürg in der Nacht vom 8. zum 9. April 1945, einen Monat vor Kriegsende, ermordet.

An eine couragierte Pfarrfamilie aus DDR-Zeiten soll ebenfalls erinnert werden. Die Rede ist von den Hildebrandts, die im Pfarr- und Gemeindehaus, Bernauer Straße 4, neben der Versöhnungskirche wohnte. Nach dem Mauerbau wurde das Gebäude im Oktober 1961 geräumt und vier Jahre später abgerissen.

Helmut Hildebrandt (1908-2002), der 1939 eine Pfarrstelle in Königsberg-Ponarth angetreten hatte und schon in der NS-Zeit angeeckt war, trat 1950 die Pfarrstelle an der Versöhnungskirche in Berlin an, wo er sich als unbequemer Mahner abermals bei den Mächtigen wie auch bei der Kirchenleitung unbeliebt machte. Nach Mauerbau und Schließung der Kirche 1961 blieb er Ansprechpartner für die Westberliner Gemeinde. Noch am 18. Januar 1985, vier Tage vor der Sprengung des Gotteshauses,

Familie Hildebrandt, Altenkirchen auf Rügen, 1946

beschwor er das Konsistorium und Bischof Forck, die Einwilligung dazu zurückzuziehen.

Die Söhne Herbert, Johannes und Jörg wirkten in seinem Sinne weiter. Herbert Hildebrandt wurde Kirchenmusiker an der Bartholomäus-Kirche und schließlich am Berliner Dom, wo er bereits mehr als zwei Jahrzehnte ehrenamtlich die im Oktober 1961 von ihm gegründete Domkantorei geleitet hatte. Für seine Verdienste erhielt er 2011 das Bundesverdienstkreuz. Johannes Hildebrandt kam 1969 als Pfarrer an die Sophiengemeinde, die in den 1970er und 1980er Jahren Ausreisewilligen Beistand und Hilfe leistete. 1975 gründete er hier die Arbeitsgemeinschaft Judentum und Christentum. Weil schon in den siebziger Jahren die Evangelische Kirche von Ost- und Westberlin die Versöhnungskirche für den Abriss freigegeben hatte, wurde auf seine Initiative hin am 21. November 1976 eine Gedenktafel mit dem Gründungswort des Gotteshauses in den Sockel des Kreuzes auf dem Hauptweg des Sophienfriedhofes eingefügt: „GOTT hat unter uns aufgerichtet das Wort von der Versöhnung“. Die Gedenkkreuze und der große Gedenkstein auf den Bestattungsfeldern des Sophienfriedhofes im Bereich der jetzigen Mauergedenkstätte erinnern an die verbliebenen nicht umgebetteten zivilen Toten, vor allem an die vielen Bomben- und Mordopfer des Zweiten Weltkrieges, die entgegen anders lautenden Berichten noch im Kriegsgräberfeld und in den beiden Massengräbern ruhen. Über den Massengräbern wurden 1997 mit behördlicher Genehmigung die Mauerteile entfernt. Jörg Hildebrandt, jüngster der Söhne, war Lektor, später stellvertretender Cheflektor der Evangelischen Verlagsanstalt Berlin, ehe er nach der Wende als Journalist zum Rundfunk ging und Mitbegründer des Ostdeutschen Rundfunks Brandenburg (ORB) wurde.

Regine Hildebrandt (1941 bis 2001), mit Jörg Hildebrandt verheiratet, wurde als Brandenburger Arbeits- und Sozialministerin bundesweit bekannt. In ihrem 1994 erschienenen Buch „Was ich denke“ umriss sie ihre eigene Haltung und die ihrer Familie unter dem SED-Regime: „Wir waren keine Widerstandskämpfer. Aber wir haben mit Ausdauer im Alltag verteidigt, was uns wichtig, lieb und teuer war. Wir haben uns unsere Überzeugungen und unsere Anständigkeit nicht abkaufen lassen. Mein Mann war unter den ersten Wehrdienstverweigerern, dann unter den ersten Bausoldaten, und er ging für ein halbes Jahr ins Gefängnis, weil er sich weigerte, an militärischen Objekten mitzuarbeiten. Wir schrieben Protestbriefe gegen die Ausbürgerung Wolf Biermanns, gegen die neue DDR-Verfassung und 1968 gegen den Einmarsch in Prag. Wir gingen nicht zur Wahl. Wir stärkten unseren Kindern den Rücken; wir setzten durch, dass sie nicht am Wehrkundeunterricht und an Schießwettbewerben teilnehmen mussten. Sie gingen zur Konfirmation und nicht zur Jugendweihe. In unserem Freundeskreis verhielten viele sich ähnlich, nicht um eine Märtyrerrolle zu spielen, sondern um vor sich selbst bestehen zu können.“[53]

Sophienfriedhof II, Hauptweg mit Wegkreuz

Der Sophienfriedhof II

Nachdem der die Kirche umgebende Begräbnisplatz in der Sophienstraße zu klein geworden war, erwarb die Sophiengemeinde 1799 zunächst ein Grundstück vor dem Hamburger Tor an der Garten- und Bergstraße, dem vormaligen Standort des Hochgerichts (heute Stadtbad Mitte und Zille-Spielplatz). Da eine Grabstätte hier nur 1 Taler 21 Groschen kostete, während für ein Grab auf dem alten Kirchhof 5 Taler 21 Groschen entrichtet werden mussten, war der neue Gottesacker rasch belegt, so dass sich die Gemeinde nach zwei Jahrzehnten abermals gezwungen sah, nach einer Alternative Ausschau zu halten.

Die Gemeindeleitung trat im September 1823 mit dem Gutsbesitzer Wollank wegen eines geeigneten Grundstückes in Verhandlung. Der Vertrag kam im Januar 1824 zustande. Vom Magistrat der Stadt zügig an das Königliche Konsistorium weitergeleitet, lag die Genehmigung für den Grundstückskauf bereits anderthalb Monate später vor. Es dauerte noch eine Weile, ehe der Bitte der Gemeinde entsprochen wurde, den in der Nähe gelegenen Galgen (er war von der Gartenstraße hierher verlegt worden) abzureißen und an einen neuen Standort, den nachmaligen Gartenplatz, zu versetzen.

Ab 1827 begannen die Beisetzungen auf dem Sophienfriedhof in der Bergstraße 29. Da zum Sprengel der Sophienkirche nicht nur die Spandauer Vorstadt, sondern auch das bürgerliche Viertel der Friedrich-Wilhelm-Stadt gehörte, mangelt es nicht an Berliner Prominenz, die hier ihre letzte Ruhe fand.

Eines der frühen, aber nicht mehr erhaltenen Gräber war das von Charlotte Sophie Stieglitz, geb. Willhöft (1806 bis 1834). Sie hatte 1828 den Dichter Heinrich Wilhelm Stieglitz (1801 bis 1849) geheiratet, nach dessen Vorlage Heinrich Hoffmann von Fallersleben das bekannte Kinderlied schuf: „Kuckuck, kuckuck ruft's aus dem Wald". Allerdings ging es mit Stieglitz als Literat nicht recht voran, seine künstlerische Produktion stagnierte.

Heinz Knobloch erzählt in seinem Buch „Berliner Grabsteine" den Fortgang der Geschichte: „Seine Frau, die sein Talent immer noch mehr als er überschätzte und vermutlich seine Stimmung dadurch noch verdüsterte, kam auf den Gedanken, ihren unproduktiven Mann blitzartig aus seinem Hinbrüten zu reißen, ihn durch ein aufwühlendes tragisches Erlebnis und tiefen Schmerz zu einem bedeutenden Werk zu beflügeln. In diesem Sinne verfasste sie einen Abschiedsbrief, schickte ihren Mann am 29. Dezember 1834 abends ins Konzert und erstach sich im Bett."[54]

Das Opfer war vergebens. Aus Heinrich Stieglitz sollte kein Heinrich Heine werden, mit dem das Ehepaar in freundschaftlichem Kontakt gestanden hatte. Ohne ein Meisterwerk geschaffen zu haben, starb er fünfzehn Jahre später in Venedig an der Cholera. Er wurde an der Seite seiner Frau beigesetzt.

Erhalten geblieben ist das Grabmal von Max Stirner (1806 bis 1856). Der Bayreuther hatte sich nach Studien der Philosophie, Theologie und Philologie in Berlin niedergelassen, wo er an einer höheren Töchterschule unterrichtete und als Beiträger für die „Rheinische Zeitung" tätig wurde.

Nicht zu ihm, aber zu einigen von seinen Freunden aus dem Kreis der „Sieben Weisen des Hippelschen Kellers" stand im Vormärz der junge Theodor Fontane in Verbindung. In seiner Autobiografie „Von Zwanzig bis Dreißig" gibt er die folgende Anekdote zum Besten: „Einige Mitglieder des Kreises verheirateten sich. Der erste, der es wagte, war der seitdem so berühmt gewordene Stirner. Seine Frau hatte etwas Geld, das der Weisheit der ‚Sieben Weisen' entsprechend sofort in einem großen Gesamtunternehmen angelegt werden sollte. Man beschloß, eine ‚Milchwirtschaft' einzurichten, und zwar nach demselben Prinzip, das viele Jahre später von dem praktisch-klugen Bolle zu seinem und der ganzen Stadt Segen glorreich durchgeführt wurde. Die ‚Sieben' unternahmen Reisen auf die umliegenden Dörfer – ich hätte dabei sein mögen, wenn zum Beispiel St. Paul mit einer jungen Melkerin im Kuhstall verhandelte – und schlossen mit zahllosen Pächtern und Bauerngutsbesitzern Kontrakte über Milchzufuhr ab. Von einem

Familiengräber mit Friedhofskapelle

bestimmten Tage an hatte jeder soundso viele Quart zu liefern. Das Büro und die Kellerräume, alles ganz großartig, befanden sich in der Bernburger Straße. Die Milch kam denn auch, aber die Käufer blieben aus, und nachdem schließlich mehrere Tage lang ein gewisser saurer Milchton die ganze Bernburger-Straßen-Luft durchzogen hatte, sah man sich genötigt, eines Nachts den ganzen Vorrat in die damals noch in Blüte stehenden Berliner Rinnen ablaufen zu lassen. Das Vermögen der Frau Stirner war hin."[55] Hinzuzusetzen bleibt, dass sie ihren Mann später verließ und mit einem anderen nach Australien auswanderte.

1845 veröffentlichte Max Stirner sein Hauptwerk „Der Einzige und sein Eigentum", das als eine der theoretischen Grundlagen des Anarchismus gilt. Umgehend auf den Index gesetzt, wurde das Buch nach einigem Hin und Her doch freigegeben. Die Zensurbehörde vertraute darauf, dass sich die ihrer Meinung nach wirren Ideen selbst ad absurdum führen. Das Buch, in dem vehement das Recht des Einzelnen gegenüber dem Staat eingefordert wurde, fand in ganz Europa ein Echo. An des Verfassers bedrückender finanzieller Situation änderte sich freilich nichts. Wiederholt landete er, der eigentlich Johann Caspar Schmidt hieß und wegen seiner hohen Stirn von Freunden „Stirner" genannt wurde, im Schuldgefängnis.

Ein schmuckloser Grabstein erinnert an Theodor Hosemann (1807 bis 1875). Er erblickte als Sohn eines Offiziers in Brandenburg an der Havel das Licht der Welt. 1816 übersiedelte die Familie nach Düsseldorf. Bereits als Zwölfjähriger begann er eine Ausbildung in der dortigen „Lithographischen Anstalt von Arnz und Winckelmann". Nebenher nahm er Unterricht an der Düsseldorfer Akademie beim Maler Peter Cornelius. 1828 eröffnete seine Lehrfirma eine Filiale in der preußischen Hauptstadt und entsandte den jungen hochbegabten Zeichner nach Berlin.

Mit Kinder- und Jugendbuchillustrationen, vor allem aber mit seinen witzig parodistischen Zeichnungen zu dem von Adolf Glaßbrenner herausgegebenem Almanach „Berlin, wie es ist und – trinkt" wurde Hosemann rasch populär. Bis 1852 währte die enge Zusammenarbeit mit Glaßbrenner, dessen literarischen Er-

Grabmal Theodor Hosemann

findungen, wie dem „Eckensteher Nante“, er zeichnerisch Leben einhauchte. 1857 zum Professor und drei Jahre später zum Mitglied der Akademie der Künste berufen, nahm er einen Schüler unter die Fittiche, dessen Ruhm den seinen später übertraf.

Die Rede ist von Heinrich Zille, der in seinem 1924 für die Akademie der Künste verfassten Lebenslauf bekannte: „Der alte Hosemann ließ mich in seiner Wohnung Louisenstraße, am Neuen Tor, ganz gern seine Skizzen und Zeichnungen ansehen und auch abmalen, sagte aber: ‚Gehen Sie lieber auf die Straße raus, ins Freie, beobachten Sie selbst, das ist besser als nachmachen. Was Sie auch werden – im Leben können Sie es immer gebrauchen; ohne zeichnen zu können, sollte kein denkender Mensch sein!‘“[56]

Eine Stele mit bronzenem Porträtmedaillon verweist auf den Architekt Hermann Friedrich Waesemann (1813 bis 1879). Er hatte zunächst Naturwissenschaften und Mathematik in Bonn studiert, sich aber dann für eine Laufbahn als Baumeister entschieden und die Bauakademie in Berlin absolviert. Unter der Leitung Friedrich August Stülers am Entwurf und Bau des Neuen Museums beteiligt, war er anschließend in der Schlossbaukommission und als Lehrer an der Bauakademie tätig. 1859 erhielt er den Auftrag seines Lebens, das neue Berliner Rathaus zu errichten. Innerhalb von acht Jahren entstanden und 1869 eingeweiht, wurde der imposante Bau, dem die Berliner wegen des Materials aus roten Klinkern den Namen „Rotes Rathaus“ gaben, schnell zu einem Wahrzeichen der Stadt. Noch vor der Fertigstellung des weitläufigen Gebäudekomplexes, in dem heute der Regierende Bürgermeister residiert, erhielt Waesemann den Titel eines Königlichen Baurats und weniger später die Mitgliedschaft der Preußischen Akademie der Künste angetragen. Er wohnte zuletzt in der Friedrichstraße 135 zwischen Reinhardtstraße und Schiffbauerdamm.

Wie die vorgenannten Grabstätten gehört auch die des Historikers und Schriftstellers Adolf Streckfuß (1823 bis 1895) zu den Ehrengräbern des Landes Berlin. Unter dem Pseudonym Leberecht

Fromm hatte der 21-jährige 1844 eine Broschüre über Bettina von Arnims „Dies Buch gehört dem König" in Umlauf gebracht, in der er, die Schrift scheinbar verdammend, niemand anderes als den König bloßstellte. In der Märzrevolution 1848 zählte er zu den führenden geistigen Köpfen und musste danach seine Hoffnungen auf eine akademische Karriere aufgeben. 1851 brachte er sein Buch „Die große französische Revolution und die Schreckensherrschaft heraus", die ihm wegen der Anspielungen auf Preußen eine Klage wegen Hochverrats eintrug. Zwar wurde er freigesprochen, aber in seiner literarischen Arbeit fortan behindert.

Um den Lebensunterhalt zu sichern, eröffnete er 1852 eine Tabakhandlung „en gros und en detail" in der Leipziger Straße 25, wie dem Adressbuch des Folgejahres zu entnehmen ist. Auch das durfte als Eintreten für die Demokratie gelten, denn das Rauchen auf der Straße hatten die Märzrevolutionäre erstritten. Das Schreiben gab Streckfuß allerdings nicht auf. Als das gegen ihn verhängte Publikationsverbot fiel, trat er neben historischen Arbeiten wie dem vierbändigen Werk „Vom Fischerdorf zur Weltstadt. 500 Jahre Berliner Stadtgeschichte" auch als Autor von Kriminalromanen hervor. 1862 zum Stadtverordneten gewählt, wurde ihm mit der zehn Jahre später erfolgten Berufung zum Stadtrat 1872 eine späte Ehre zuteil.

Als das wilhelminische Deutschland nach nationalen Identifikationsfiguren suchte, erinnerte man sich auch wieder des „Heldenmädchens von Lüneburg", das auf dem Sophienfriedhof ruht. Johanna Stegen (1793 bis 1842) hatte die preußischen Freikorps im Gefecht bei Lüneburg, am 2. April 1813, unter Lebensgefahr mit Patronen aus einem umgestürzten Munitionswagen versorgt und mit ihrem Mut dazu beigetragen, dass diese sich gegen die französischen und sächsischen Truppen unter General Joseph Morand behaupten konnten. Schon Karl August Varnhagen von Ense und Friedrich Rückert hatten das „Heldenmädchen" besungen. Friedrich Ludwig Jahn war einer der Trauzeugen, als sie 1817 den Berliner Unteroffizier und Drucker Wilhelm Hindersin heiratete. Das bescheidene Grabmal

Grabdenkmal Johanna Stegen

Johanna Stegens wurde 1906 durch eine repräsentative Stele ersetzt. Albert Moritz Wolff schuf das Bronzerelief mit dem Abbild der Verstorbenen.

Namhafte Gründerzeitunternehmer, die auf dem Sophienfriedhof bestattet wurden, sind Carl Mampe (1857 bis 1899) und Rudolf Höffner (1847 bis 1925).

Carl Mampe etablierte 1878 in der Veteranenstraße 28 eine Likörfabrik und stellte hier die „Bitteren Tropfen" her, einen allseits beliebten Magenschnaps. Das aus unterschiedlichen Kräutern bestehende Rezept hatte 1831 der Onkel, ein Königlich Preußischer Geheimer Sanitatsrat, als Mittel gegen die Cholera entwickelt. Zunächst nur in Apotheken erhältlich, hielt das geistige Getränk dank einer aus der Taufe gehobenen Likörfabrik im pommerschen Köslin bald auch in den bürgerlichen Wohnzimmern Einzug. Carl Mampe verlegte das von seinem Vater gegründete Unternehmen schließlich nach Berlin. Der Enkel kreierte 1894 den Likör „Mampes Halb und Halb", der weltweite Verbreitung fand.

Rudolf Höffner begann 1874 als Tischlermeister in der Choriner Straße 12 und zog später in die Veteranenstraße 14, wo er die

Werkstatt um ein Möbelhaus erweiterte. Es wurde in den 1930er Jahren das größte Berlins. Nach der Zerstörung des Stammhauses und dem Ende des Zweiten Weltkrieges siedelte sich das Unternehmen in der Weddinger Pankstraße an. Der letzte auf dem Sophienfriedhof bestattete Firmeninhaber war Wilhelm Höffner (1878 bis 1947).

Zum literarischen Helden in Büchern von Wera und Klaus Küchenmeister sowie von Werner Lenz ist „Strohhut-Emil" geworden, der mit bürgerlichem Namen **Emil Riemer** (1875 bis 1965) hieß und ein Berliner Original war. Von Hause aus Artist hatte er nach einem schweren Unfall im Zirkus seine akrobatischen und sonstigen Kunststücke nur noch auf der Straße gezeigt. Sein Markenzeichen war der Strohhut. Da er ein loses Mundwerk besaß, das auch nicht vor den Nazis haltmachte, saß er 1933 für kurze Zeit im Gefängnis. 1958 holte ihn Heiner Carow für den in der NS-Zeit spielenden Film „Sie nannten ihn Amigo" vor die Kamera.

Ein einfaches Holzkreuz erinnert an den Theologen und Politiker **Wolfgang Ullmann** (1929 bis 2004). Im sächsischen Gottleuba geboren, studierte er in Westberlin und Göttingen Theologie. Nach der Promotion ging er 1954 als Pfarrer in die DDR zurück. In den 1960er Jahren wurde er Dozent für Kirchengeschichte in Naumburg und 1978 am Sprachenkonvikt Berlin. In der Wendezeit engagierte er sich politisch und gehörte zu den Gründern der Bürgerbewegung „Demokratie Jetzt". Er war Teilnehmer des „Runden Tisches" und Anfang 1990 Minister in der Modrow-Regierung. Von 1990 bis 1994 saß er für Bündnis 90/Die Grünen im Deutschen Bundestag und anschließend bis 1998 im europäischen Parlament. Wolfgang Ullmann war Herausgeber der Zeitschrift „Freitag" und trat als Autor politischer Bücher hervor.

Der Sophienfriedhof wird mit einigem Recht auch als „Musikerfriedhof" bezeichnet, ruhen doch hier gleich mehrere Persönlichkeiten des Berliner Musiklebens, unter ihnen **Wilhelm Friedrich Ernst Bach** (1759 bis 1845). Er war der letzte komponierende Enkel des großen Johann Sebastian Bach. Ausgebildet von seinem Vater, dem in Bückeburg tätigen Johann Christoph Friedrich

Bach, und seinem in London wirkenden Onkel Johann Christian Bach, folgte er 1789 dem Ruf an den preußischen Hof, wo er zunächst als Cembalist in die Dienste von Königin Friederike Luise, Gemahlin Friedrich Wilhelms II., trat und später Kapellmeister der Königin Luise und Musiklehrer ihrer Kinder wurde . Nach Luises Tod gab er seine Ämter bei Hofe auf und betätigte sich als freier Komponist. Sein heute weitgehend vergessenes und kaum aufgearbeitetes Oeuvre umfasst geistliche und weltliche Kantaten sowie Orchester- und Kammermusiken.

Nahe Bachs Ruhestätte befindet sich das Grabdenkmal von Albert Lortzing (1801 bis 1851), das ihm die Freunde seiner Musik errichten ließen. Er begann als Schauspieler und Sänger, ehe er als Kapellmeister und Komponist debütierte. In den 1830er und 1840er Jahren trat er mit Werken wie „Zar und Zimmermann" oder „Der Wildschütz" hervor, die ihn zum Hauptvertreter der Spieloper in Deutschland machten. Zuletzt wirkte er am Friedrich-Wilhelm-Städtischen Theater in der Schumannstraße, dem heutigen Deutschen Theater.

Der Übersiedlung in die preußische Hauptstadt waren allerdings ungeahnte Schwierigkeiten vorausgegangen. In einem 1850 von ihm geschriebenen Brief an das Polizeipräsidium heißt es: „Ich bin ein geborener Berliner, verließ aber meine Vaterstadt schon mit dem zehnten Jahre und lebte stets im Auslande; am Rhein, in Leipzig, Wien. Vor ohngefähr zehn Jahren begehrte man in Leipzig einen Heimatschein von mir, ich wendete mich sofort an dieses hiesige Polizei-Präsidium, wurde aber mit dem Bemerken, daß ich durch lange Entfernung von meiner Vaterstadt meiner Ansprüche verlustig wäre, abgewiesen. Seit dem Mai dieses Jahres führte mich nun das Schicksal wieder in meine Vaterstadt zurück, und ich hoffe nicht, sie wieder verlassen zu müssen. Es ergeht daher meine ergebenste Bitte an ein hohes Polizeipräsidium, mir und meiner Familie das Recht meiner Heimat, falls es mir wirklich entzogen sein sollte, gütigst wieder zu erteilen, mindestens aber doch mir geneigtest andeuten zu wollen, wo die Meinigen im Falle meines Ablebens ein bleibendes Asyl zu hoffen haben."[57]

Ständige Arbeitsüberlastung und finanzielle Sorgen hatten seine Gesundheit untergraben. Ein Jahr später starb Albert Lortzing in seiner Wohnung Luisenstraße 53. An der Trauerfeier auf dem Sophienkirchhof nahm alles teil, was in der Berliner Musikwelt Rang und Namen hatte, darunter Generalintendant Karl Theodor von Küstner und Generalmusikdirektor Giacomo Meyerbeer.

Unweit des von ihm verehrten Albert Lortzing wurde Walter Kollo (1878 bis 1940) auf eigenen Wunsch beigesetzt. Nach Anstellungen als Kapellmeister in Königsberg und Stettin kam er 1906 in die Hauptstadt, wo er mit Stücken „Wie einst im Mai“ oder „Drei alte Schachteln“ neben Jean Gilbert und Paul Lincke zum Begründer der Berliner Operette wurde. In den 1930er Jahren begann er mit Erfolg, auch für den jungen Tonfilm zu komponieren. Walter Kollo war der Vater des nicht weniger berühmten Komponisten Willi Kollo und Großvater des Tenors René Kollo.

Eng mit der Entwicklung der Berliner Chormusik im ausgehenden 19. Jahrhundert ist das Wirken des Königlichen Musikdirektors Adolf Zander (1843 bis 1914) verbunden. Als Organist an der Sophienkirche tätig, erwarb er sich bleibende Verdienste als Gründer und Leiter der neuen „Berliner Liedertafel“. Die hohe Qualität des Männerchores blieb der Öffentlichkeit nicht lange verborgen. Konzerte mit den Berliner Philharmonikern folgten. 2014 konnte die Sangesvereinigung ihren 130. Geburtstag begehen.

Für die Familie des Klavierfabrikanten Carl Bechstein (1826 bis 1900) und dessen Frau entstand ein aufwändig gestaltetes Erbbegräbnis. Bechstein hatte 1853 eine erste Werkstatt nahe dem Gendarmenmarkt eröffnet, die er bald erweiterte und in die Spandauer Vorstadt verlegte. Auf der Londoner Industrieausstellung 1862 mit einer Silbermedaille geehrt, zählte seine Firma fortan zu einer der weltweit führenden auf ihrem Gebiet, Franz Liszt und Hans von Bülow, die seine technisch und klanglich ausgereiften Konzertflügel schätzten, förderten ihn. Sohn Eduard Bechstein und dessen Frau Helene erlangten als Freunde und frühe Förderer Hitlers traurige Berühmtheit. Nach dem Zweiten

Erbbegräbnis Familie Bechstein

Weltkrieg beschlagnahmte die US-Administration deshalb die Aktienmehrheit des Unternehmens. Die heutige C. Bechstein Pianofortefabrik ist eine Neugründung der 1980er Jahre und erwarb lediglich die Namensrechte.

Als bislang einziger Musiker aus jüngerer Zeit wurde Arndt Bause (1936 bis 2003) auf dem Friedhof an der Bergstraße beigesetzt. Der Leipziger studierte in seiner Heimatstadt an der Hochschule für Musik „Felix Mendelssohn Bartholdy" und kam in den 1970er Jahren nach Berlin. Mit mehr als 1.300 Titeln, darunter Hits wie „Gold in deinen Augen" oder „Erna kommt", gesungen von Frank Schöbel bzw. Wolfgang Lippert, gehörte er in der DDR zu den produktivsten wie auch erfolgreichsten Schlagerkomponisten. Für die Entertainerin Helga Hahnemann komponierte und arrangierte er das Album „Jetzt kommt die Süße", während die reiselustigen Sachsen ihm ihre inoffizielle, von dem Kabarettisten Jürgen Hart interpretierte Hymne „Sing, mei Sachse, sing" verdanken. Darüber hinaus arbeitete er für den Film und schrieb Musicals. Eine seiner Töchter ist die Sängerin und Fernsehmoderatorin Inka Bause.

OBEN LINKS: Ehemaliges Warenhaus Jandorf, Brunnenstraße 19–21

OBEN RECHTS: Bernauer Straße 8

UNTEN LINKS: 1. Hof, Ackerstraße 14–15

UNTEN RECHTS: St. Sebastiankirche

Kleiner Architektur(ver)führer

Das älteste Bauwerk in der Rosenthaler Vorstadt ist die 1832 bis 1834 errichtete St. Elisabeth-Kirche in der Invalidenstraße 3. Karl Friedrich Schinkel zeichnete für die Entwürfe, Wilhelm Berger für die Bauleitung verantwortlich. Der rechteckige, einschiffige Ziegelbau mit Putzquaderung und Apsis wird an der nach Südosten ausgerichteten, 18,5 Meter breiten Hauptfront durch einen Dreiecksgiebel sowie einem aus sechs glatten Säulen bestehenden und ebenfalls dreieckig übergiebelten Portikus betont. Das griechisch-klassische Doppelgiebelmotiv, dessen sich Schinkel bereits beim Königlichen Schauspielhaus am Gendarmenmarkt bediente, verlieh dem von Anfang an ohne Turm vorgesehenen Gotteshaus die nötige Kompaktheit, mit der es sich gegenüber der später entstandenen vier- und fünfgeschossigen Wohnbebauung bis heute behauptet.

Im Inneren erhielt der schlichte, durch je fünf Fenster in den Langseiten beleuchtete Saal einen erhöhten, halbrunden Chor und gemauerte Eckräume, zwischen denen gerüstartig hölzerne Seitenemporen auf zwei Etagen eingespannt waren. Den ausgemalten Altarraum gliederten drei Fenster mit Engelsdarstellungen und floralem Ornament. Die Innenausstattung, die im Laufe der Zeit mehrere Veränderungen erfuhr, zuletzt zur 100-Jahr-Feier 1935, wurde im Zweiten Weltkrieg vernichtet, als die Kirche bis auf die Umfassungswände niederbrannte.

Während die im Westteil der Stadt befindlichen Schinkelschen Vorstadtkirchen – die Alte Nazareth-Kirche, die St. Johannes-Kirche und die St. Pauls-Kirche – in den 1950er Jahren wiederhergestellt wurden, blieb die Elisabeth-Kirche die gesamte DDR-Zeit hindurch Ruine. Nach dem Krieg trafen sich hier Berlins Boxer zum heimlichen Training, waren doch die Kampfsportarten von den Alliierten verboten worden.

St. Elisabeth-Kirche

Mit Mitteln der Deutschen Stiftung Denkmalschutz konnte ab 1991 zunächst die Bausubstanz gesichert und ein Notdach errichtet werden. Seit 1999 in vereinfachter Form nach Plänen des Architekten Klaus Block wiederaufgebaut, wird die Kirche außer zu Taufen, Trauungen und ausgewählten Gottesdiensten heute vor

St. Elisabeth-Pfarrhaus

Zionskirche, Kirchraumblick

allem für kulturelle Zwecke genutzt. Eigentümerin ist die aus dem Zusammenschluss von St. Elisabeth, Golgatha, Sophien, St. Johannes-Evangelist und Zion hervorgegangene Ev. Kirchengemeinde am Weinberg. 1996 gründete sich der Freundeskreis St. Elisabeth-Kirche e.V., der die baulichen Maßnahmen wie auch die Pflege des 1881 nach Entwürfen von Hermann Mächtig gestalteten Kirchparks unterstützt. Mächtig, Nachfolger Gustav Meyers im Amt des Städtischen Gartendirektors, wurde über Berlin hinaus bekannt durch Anlagen wie den Zentralfriedhof in Friedrichsfelde oder den Viktoriapark in Kreuzberg.

Waren die ersten Prediger von St. Elisabeth noch in Privathäusern untergebracht – Otto von Gerlach wohnte an der nicht eben nahen Straße Hinter der katholischen Kirche –, entstand 1890 an der Invalidenstraße 4 ein dreigeschossiges Pfarrhaus mit gelber Klinkerverblendung und historisierenden Sandsteingliederungen. 1907 wurde im hinteren Teil des Grundstückes das von Adolf Bürckner entworfene Gemeindehaus errichtet. Der im Jugendstil ausgestattete Saalbau diente der Gemeinde nach dem Krieg und zu DDR-Zeiten als Gottesdienstraum. Im Wendejahr 1989 hielt hier der Physiker und Friedensforscher Carl Friedrich von Weizsäcker einen nirgendwo in der DDR-Presse angekündigten Vortrag vor einem Publikum, das Saal und Emporen bis auf den letzten Platz füllte.

Zweitältestes Gotteshaus in der Rosenthaler Vorstadt ist die Zionskirche am Zionskirchplatz. Die Gemeinde, aus St. Elisabeth hervorgegangen, wurde 1864 gegründet, der Grundstein für den Bau der Kirche 1866 gelegt. Das Geld hatte König Wilhelm I., der spätere deutsche Kaiser, als Dank dafür gestiftet, dass 1861 ein in Baden-Baden auf ihn verübtes Attentat glimpflich verlaufen war.

Die Planungen für den Bau der Zionskirche oblagen August Orth, der sein Examen an der Berliner Bauakademie abgelegt hatte und in der Verwendung von Materialien wie Backstein oder Terrakotta und in der Vorliebe für den Rundbogenstil noch der späten Schinkelschule verpflichtet war. Neben seiner Tätigkeit als Architekt beschäftigte sich Orth mit Forschungen zur Raumakustik, die ihm hier zu Gute kamen. Als städtebauliche Dominante in dem durch den Hobrechtplan schnell wachsenden Viertel konzipiert, wurde ein Bauplatz an der höchsten Stelle des ehemaligen Wollankschen Weinberges gewählt.

Das über einem Kreuz angelegte Kirchenschiff erhielt zusätzlich einen 67 Meter aufragenden Turm.
Nach siebenjähriger Bauzeit, unterbrochen von den Kriegen, die Preußen gegen Dänemark, Österreich und Frankreich führte, wurde die Zionskirche am 2. März 1873 in Anwesenheit von Kaiser Wilhelm I. geweiht. Nach Zerstörungen im Zweiten Weltkrieg nur behelfsmäßig wieder hergerichtet, wird das Gotteshaus seit 1993 schrittweise saniert und restauriert.
1931/32 übernahm Dietrich Bonhoeffer eine Konfirmandenklasse in der Gemeinde. An den aufrechten Theologen, der seinen Widerstand gegen das NS-Regime mit dem Leben bezahlte, erinnern eine Gedenktafel am Kirchenportal und ein von dem Bildhauer Karl Biedermann geschaffener, 1997 an der Westseite der Kirche aufgestellter Bronzetorso.
Auch zu DDR-Zeiten bewies hier ein Theologe Zivilcourage. Pfarrer Hans Simon bot der Oppositionsbewegung in seiner Gemeinde ein Dach. So konnte im Herbst 1986 von einem Kreis junger Aktivisten im Keller des Pfarrhauses die Umwelt-Bibliothek gegründet werden mit dem Ziel, staatlicherseits unerwünschte Bücher und Schriften zur Umweltproblematik öffentlich zugänglich zu machen.
Noch im gleichen Jahr begann die Umwelt-Bibliothek, ein Informationsblatt herauszugeben, das unter dem Namen „Umweltblätter“ über die Grenzen Berlins hinaus bekannt werden sollte. Die Zeitschrift griff konsequent und mutig Themen auf, die die DDR-Medien verschwiegen. Missstände beim Umweltschutz wurden ebenso aufgedeckt wie die Verletzung von Menschen- und Bürgerrechten oder Willkürmaßnahmen gegen die sich formierende Friedensbewegung.
Zunächst auf einer Ormig-Maschine hektographiert und in einer Anzahl von 150 Stück unter Freunden und Bekannten verteilt, erschien die Monatsschrift ab Mai 1987 schließlich in einer Auflage von mehr als 1.000 Exemplaren. Abnehmer waren Oppositionsgruppen aus der gesamten DDR, die sich über ein Postfach in der Umwelt-Bibliothek mit der Zeitschrift versorgten und als Selbstabholer ihrerseits Nachrichten aus ihren Heimatorten hinterließen. Damit wurde ein entscheidender Beitrag zur Vernetzung der bis dahin getrennt agierenden Gruppen geleistet.
Staatssicherheit und Generalstaatsanwalt, denen das unabhängige publizistische Forum von Anfang an ein Dorn im Auge war, führten im November 1987 eine nächtliche Razzia in der Druckerei durch und verhafteten die Anwesenden. Den Kreis engagierter Leute um Wolfgang Rüddenklau auszuschalten, gelang jedoch nicht. Die Verhaftungen führten stattdessen zu Solidaritätsbekundungen im In- und Ausland, so dass die Redaktionsarbeit alsbald fortgesetzt werden konnte. Bis September 1989 brachten es die „Umweltblätter“ auf 32 Ausgaben.
Das zweigeschossige Pfarrhaus in der Griebenowstraße 15 war 1870 fertig gestellt worden. Der niedrige Ziegelverblendbau inmitten fünfgeschossiger gründerzeitlicher Häuser fällt aus dem Rahmen und könnte für weit älter gehalten werden. Gliederung und Gestaltung durch das Sohlbankgesims über dem Erdgeschoss

Griebenowerstraße 15

Bergstraße 81

und das Schmuckband aus rautenförmigen Terrakottaplatten über den Segmentbogenfenstern des Obergeschosses verweisen zusammen mit dem vorspringenden rundbogigen Eingangsportal auf das Formenrepertoire des Spätklassizismus.

Das Bild der königlichen Residenzstadt, bevor sie Reichshauptstadt wurde, lassen auch noch einige der Wohnhäuser zwischen Brunnen- und Bergstraße erahnen. Von 1854 datiert das dreigeschossige und mit Dachgauben ausgestattete Mietshaus Brunnenstraße 156. Bauherr war der Zimmergeselle Scholz. Die ursprünglich spätklassizistische Fassade wurde offenbar beim Umbau um 1880 unter dem Eigentümer, Kaufmann Dieter, im Geschmack der Zeit überformt. Dabei scheinen auch die ebenerdigen Ladengeschäfte beiderseits der mittigen Tordurchfahrt entstanden zu sein. Auf dem lang gestreckten Hof wurde zu Beginn der 1890er Jahre ein fünfgeschossiges Fabrikgebäude errichtet, in das 1893 die Chemische Reinigung Herz zog, die zugleich den Grundbesitz erwarb. Kurzzeitig war hier auch der Synagogenverein Beth Zion untergebracht.

Aus dem Jahr 1858 stammt das Haus Bergstraße 81, das bereits über vier Geschosse verfügt. Ersteigentümer war der Rentier Steinbrecher, ehemals Holzhändler, der mit dem Bau des Hauses und den zu erwartenden Mieteinnahmen augenscheinlich finanzielle Vorsorge für das Alter traf. Dem Zuschnitt des Grundstückes und der siebenachsigen Fassade geschuldet, findet sich die Tordurchfahrt leicht nach rechts gerückt. Für das Gegengewicht sorgen die beiden äußeren Achsen an der linken Seite, die als Risalit ausgebildet sind und dem Baukörper einen symmetrischen Gesamteindruck verleihen. Die horizontale Gliederung erfolgt in den beiden Hauptgeschossen durch Sohlgesimse, im oberen Stock durch Sohlbänke.

Im Auftrag des Schankwirts Lüdicke entstand 1860 das viergeschossige Vorderhaus Bergstraße 70. Die Ausführung übernahm vermutlich der Maurermeister Johann Heinrich Zacher, der zu den Erstmietern gehörte und 1863 selbst den Grundbesitz erwarb. Gliederndes Hauptelement ist das über die gesamte siebenachsige Fassade geführte Sohlbankgesims mit floralem Schmuck. In der Mittelachse befindet sich die mit Puttenköpfen geschmückte rundbogige Durchfahrt, der jeweils ein Fenster in den oberen Etagen zugeordnet ist. Die Fenster der rechten und linken Seite sind zu Dreiergruppen zusammengerückt.

In den 1870er Jahren begann die immer weitere bauliche Verdichtung des rückwärtigen Grundstücksareals durch Seiten- und Quergebäude. 1895 waren vier Höfe entstanden, die den Wert des Besitzes von 173.200 Mark (1875) auf 348.100 Mark steigerten und die Anzahl der Mietparteien von sieben im Jahr 1861 auf 77 anschwellen ließ.

Heinrich Zille, der häufig die Viertel des älteren Berlins mit der Kamera durchstreifte und die Aufnahmen als Vorlagen für seine Zeichnungen und Drucke nutzte, fotografierte um 1910 das Vorderhaus, das sich bis in die 1990er Jahre kaum verändert hatte.

An der sanierten Fassade befindet sich seit 2003 eine Gedenktafel für die Firma der Gebrüder Weinberger, die in Nr. 68, 69 und 70 Produktionsbetriebe für ihre Lebensmittelgroßhandlung unterhielt. Sie stellte in den 1920er und 1930er Jahren eine der größten ihrer Art in Berlin dar. Die Nationalsozialisten zerschlugen das Unternehmen mit seinen Tochterfirmen, zu denen die Buttergroßhandlung in der Brunnenstraße 187 zählte, und vertrieben die jüdischen Inhaber aus Deutschland.

Ebenfalls viergeschossig, aber nur fünf Achsen breit ist die Ackerstraße 168. 1860 im Auftrag des Schlächters Dörre errichtet, bezieht auch hier die Schauseite ihren Reiz aus den Gliederungen und der sparsamen Dekoration, die sich auf Rosetten in den Zwickelräumen der rundbogigen Durchfahrt und einen Fries am Drempel beschränkt. Der rechts gelegene Eingang wird in den Obergeschossen durch je zwei gekoppelte Fenster akzentuiert.

Ähnlichen Prinzipien der Gestaltung folgt das 1864 fertig gestellte Haus Bergstraße 67, das der Rentier Bohnhoff errichten ließ. Die rechtsseitig angeordnete Durchfahrt wird durch die darüber liegenden und von Ko-

Bergstraße 70

Ackerstraße 168

Choriner Straße 4

lossalpilastern eingefassten Fenster betont. Im ersten Stock, der Belle Etage, zieren Engelsköpfe die Fensterbrüstungen. Ein Drempelfries bildet auch hier den oberen Abschluss der Fassade. Im Souterrain befanden sich, wie es in dieser Zeit noch gang und gäbe war, Ladengeschäfte.
Die zweigesschossige und mit einem Souterrain ausgestattete Choriner Straße 4 dokumentiert die Erstbebauung in der früheren Straße Hinter Wollanks-Weinberg und gehört zu den ersten vier Häusern, die 1864 im Adressbuch aufgeführt wurden. Bauherr und Erbauer in einer Person war der Maurermeister Zacher. Ein Sohlgesims im Obergeschoss und gerade Verdachungen der Fenster akzentuieren die siebenachsige Fassade in der Horizontale. Die rundbogige Durchfahrt an der rechten Seite kragt risalitartig hervor. Bei der Restaurierung des Hauses erhielt der Eingangsbereich bewusst keinen Anstrich, so dass der historische Schriftzug „Molkerei“, der an die ehemalige und seit 1882 hier ansässige Milchhandlung Haube erinnert, erhalten blieb.
1887/88 wohnte Dr. Fritz Straßmann im Hause. Der junge Arzt entstammte einer weitläufigen jüdischen Familie von Medizinern, die hohes Ansehen genoss, und arbeitete zu der Zeit als Assistent an der Praktischen Unterrichtsanstalt für Staatsarzneikunde. Nach der Habilitation bei Rudolf Virchow und Ernst von Leyden rückte er 1891 zunächst zum kommissarischen Leiter des Berliner Instituts für Gerichtsmedizin auf, ehe er drei Jahre später dessen Direktor wurde. Sein Cousin war der international bekannte Gynäkologe Paul Ferdinand Straßmann, der 1909 eine geburtshilfliche Klinik in der Schumannstraße nahe der Charité eröffnete.
Noch bevor die Elisabethkirchstraße 1875 erstmals in den Adressbüchern Erwähnung fand, waren hier schon ein Jahrzehnt zuvor erste Wohnhäuser entstanden. Mit ihren dreigeschossigen Baukörpern haben sich die Nr. 14 und 15 von 1862 bzw. 1863 erhalten. Nicht überliefert sind die historischen Fassaden beider Häuser und der Festsaal im Hof der Elisabethkirchstraße 14. Nach zähem Ringen um einen Nutzungsvertrag konnten auf letzterem Grundstück Mitte der 1990er Jahre das Vorderhaus wie auch der um 1882 entstandene fünfgeschossige Seitenflügel mit Geldern aus dem Förderprogramm Wohnungspolitische Selbsthilfe von den Bewohnern saniert und schließlich erworben

werden. Es stellt eines der wenigen Beispiele in der Rosenthaler Vorstadt dar, in der das Engagement der Mieter zum Erfolg führte.

Mit Mitteln aus dem Förderprogramm Wohnungspolitische Selbsthilfe wurde auch das von 1868 datierende und bereits über vier Geschosse verfügende Wohnhaus Anklamer Straße 60 saniert. Von einer Baugruppe für die Eigennutzung gekauft, konnte das marode Gebäude unter Federführung der Planungsgesellschaft hmp, hertfelder & Montojo nach zweijähriger Planungs- und Bauzeit 1999 fertig gestellt werden. Die nach dem Zweiten Weltkrieg entdekorierte Fassade erhielt einen die horizontale Gliederung des Baukörpers wieder hervorhebenden farbigen Anstrich. Zur Neuausstattung gehören Dachterrassen, Balkone und eine Solaranlage. Über dem dreiachsigen Eckrisalit entstand ein verglaster Aufbau, der nicht nur einen reizvollen Blickfang bildet, sondern in der Betonung des Eckraumes durch einen Turm auch ein ehemals beliebtes Gestaltungselement der Berliner Architektur aufgreift.

Zu den kommunalen Bauten, die sich des spätklassizistischen Formenkanons bedienten, zählt die 1865 eröffnete 25. Gemeindeschule in der Ruppiner Straße 47–48 (heute Grundschule am Arkonaplatz). Architekt könnte Adolph Gerstenberg gewesen sein, der von 1861 bis 1871 das Amt des Stadtbaurates innehatte und in dieser Funktion – wie sein Nachfolger Blankenstein – auch für den Schulbau Sorge zu tragen hatte. Ein Beleg für seine Autorschaft fehlt jedoch.

Der ursprüngliche Teil des dreigeschossigen Backsteinkomplexes, der über eine Front von elf Achsen verfügt und durch einen breiten, übergiebelten Mittalrisalit gegliedert ist, gehört zu den ältesten überlieferten Schulbauten Berlins überhaupt. 1885 wurde der Gebäudetrakt um einen zehnachsigen Anbau und einen Hofflügel erweitert, der die strenge Symmetrie auflöste und die Fassade mittels eines zweiten, schlanken Risalits neu rhythmisierte. Ein auf Konsolen ruhender durchlaufender Bogenfries als oberer Abschluss, Sohlgesimse im ersten und zweiten Stockwerk sowie leicht geschwungene Bogenfenster unterstreichen indes den Zusammenhang beider Baukörper.

Durch Ankauf des benachbarten Grundstückes Anklamer Straße 29

Anklamer Straße 60

Ruppiner Straße 47–48

konnte das Schulhofareal 2002 erweitert und der Wettbewerb für den Bau einer Sporthalle ausgeschrieben werden. Der Siegerentwurf für die zweiteilige Sporthalle wurde vom Architekturbüro Claus Anderhalten vorgelegt und 2006/07 realisiert. Die Gestaltung des Schulhofes mit einem Kleinspielfeld, einer Laufbahn und einer Weitsprunganlage übernahm das Büro der Landschaftsarchitektin Ariane Röntz.

Das seinerzeit einzige Gymnasium der Rosenthaler Vorstadt, das Humboldt-Gymnasium in der Bergstraße 58, wurde im Zweiten Weltkrieg zerstört und 1950/51 durch einen Neubau ersetzt. Überliefert ist das dreigeschossige Lehrerwohnhaus an der Gartenstraße 25. Es entstand 1875 nach Entwürfen von Johann Eduard Jacobsthal. Der siebenachsige Backsteinbau gliedert sich harmonisch um das mittig angelegte und durch einen Segmentgiebel hervorgehobene rundbogige Portal. In Korrespondenz dazu stehen die vorspringenden Seitenachsen und die sich in den Obergeschossen steigernde Plastizität der Fassade. Das 2005/06 restaurierte Gebäude wird heute von der Papageno-Grundschule genutzt.

Gartenstraße 25

Jacobsthal war einer der wenigen Architekten jüdischer Herkunft, denen im wilhelminischen Berlin auch eine akademische Karriere vergönnt war. 1874 als Professor an die Bauakademie berufen, an der er studiert hatte, übernahm er zwei Jahre später eine weitere Professur an der Gewerbeakademie. 1889 wurde er Rektor der Technischen Hochschule Charlottenburg. Nach zunächst ausführender Tätigkeit, u. a. beim Bau der Siegessäule, trat er mehr und mehr als Entwurfsplaner hervor. Von ihm stammen die Stadt-Bahnhöfe Bellevue und Alexanderplatz. Im Auftrag des Großindustriellen Alfred Krupp erarbeitete er zusammen mit Paul Spieker die Pläne für die Villa „Hügel“ in Essen.

Überaus sehenswert stellt sich eine weitere Bildungseinrichtung im Viertel dar. Die Rede ist von dem 2003 bis 2008 instandgesetzten Denkmalensemble des Musik-Gymnasiums „Carl Philipp Emanuel Bach“ in der Rheinsberger Straße 4/5. Die Gebäude entstanden 1893 für die 8. Realschule nach Entwürfen von Stadtbaumeister Hermann Blankenstein und Bauinspektor Paul Hesse. Der zweigeschossige Straßentrakt, bestehend aus Lehrerwohnhaus, Verwaltung und Turnhalle, wurde als gestreifter Ziegelbau ausgeführt, der im Sockel- und Traufbereich zusätzlich ein gemustertes Ziegeldekor erhielt. Eine nicht minder qualitätvolle Gestaltung, entsprechend seiner Bestimmung als Höhere Bürgerschule, erfuhr das Schulhaus selbst. Es befindet sich, wie häufig bei Blankensteins Schulbauten, im geschützten Hof und überragt die Bebauung an der Straße. Hinter den oberen mit Maßwerk verzierten Rundbogenfenstern des vorgelagerten Mittelkorpus liegt die Aula. Einer späteren Erweiterung verdanken sich das Übe- und Internatshaus an der Brunnenstraße 148 sowie der Pavillon im Inneren des Blocks. Nach Entwürfen der Landschaftsarchitektin Britt Stordeur und in enger Abstimmung mit Schülern, Eltern und Lehrern wurden die insgesamt fünf Höfe – angelehnt an musikalische Motive – im Rahmen des Stadtumbaus Ost neugestaltet. Das Gymnasium, das musisch hochbegabte Jugendliche aus dem In- und Ausland aufnimmt, erfreut sich eines Rufes weit über Berlin hinaus.

Mit dem Bau der Markthalle VI, der „Ackerhalle“, in der Ackerstraße 23/Invalidenstraße 158 hatte Hermann Blankenstein bereits 1886 bis 1888 eine Visitenkarte in der Rosenthaler Vorstadt hinterlassen. Seinem Markthallenkonzept, zu dem zwei Zentralmarkthallen am Alexanderplatz und 13 Markthallen in den einzelnen Stadtvierteln gehörten, lag ein vereinheitlichter Entwurf zugrunde, der durch die ausführenden Architekten nur noch an die örtlichen Gegebenheiten angepasst werden musste. Die breitgelagerte klinkerverblendete Front an der Ackerstraße wird durch einen schmaleren Bauteil an der Invalidenstraße fortgesetzt. Die rundbogigen, säulengerahmten Portale sind dreieckig übergiebelt und mit Terrakottaplatten aufwändig im Stil der italienischen Renaissance geschmückt. Der Eindruck vom „Konsumtempel“ wird durch die aus einem Mittelschiff und zwei Seitenschiffen bestehende Hallenkonstruktion unterstützt. Seit der denkmalgerechten Instandsetzung 1990/91 ist die zu DDR-Zeiten als Kaufhalle genutzte „Ackerhalle“, in der sich heute ein Supermarkt befindet, wieder in ihrer ursprünglichen baulichen Form zu erleben. Der 1912 aufgestellte und von dem Bildhauer Ernst Wenck geschaffene Geldzählerbrunnen aus Muschelkalk auf dem nahen Pappelplatz erinnert an den einstigen Marktplatz des Viertels an dieser Stelle.

Rheinsberger Straße 4/5

Rheinsberger Straße 4/5

Ackerhalle, Ackerstraße 23–26/ Invalidenstraße 158

Ackerstraße 76

St. Sebastiankirche

Als Verbeugung vor dem Akademiestil Schinkels darf auch die AEG-Apparatefabrik in der Ackerstraße 76 gelten. 1894/95 errichtet, lagen die Planungen in den Händen von Paul Tropp, dem Leiter der AEG-Bauabteilung, und von Oberbaurat Franz Heinrich Schwechten. Während Tropp für die Grundrissgestaltung, abgestimmt auf die Abläufe der Produktion, verantwortlich war, erhielt Schwechten, der sich mit technischen Bauten wie dem Anhalter Bahnhof oder der Schultheiß-Brauerei (heute Kulturbrauerei) einen Namen gemacht hatte, den Auftrag, die Fassade zu gestalten. Er entschied sich für eine Sichtziegelverblendung mit Pilastern und Segmentbogenfenstern. Die horizontale Gliederung wird durch Akzentuierung der Geschosse und des Dachabschlusses erreicht. Ein allegorischer Terrakottafries, die Elektrizität darstellend, ergänzt die repräsentative, aber nirgendwo aufdringliche Formgebung.

Durch den Architekten Peter Behrens wurde zwischen 1909 und 1913 das Werksgelände erweitert. Überliefert sind in der Hussitenstraße 23 die ehemalige Hochspannungsfabrik, die Kleinmotorenfabrik sowie die Montagehalle, die seinerzeit mit einem verglasten Hallendach versehen war. Das Gebäudeensemble des einstigen Apparatewerkes, das durch Zerstörungen im Zweiten Weltkrieg nicht mehr vollständig erhalten ist, beherbergt heute die Hochschule für Medien, Kommunikation und Wirtschaft (HMKW), Einrichtungen der Technischen Universität sowie die Phorms Education mit dem Campus Berlin Mitte. Die bilingual ausgerichtete Privatschule (deutsch-englisch) betreibt hier einen Kindergarten, eine Grundschule und ein Gymnasium.

Gegenüber, am Gartenplatz, erhebt sich die katholische St. Sebastiankirche. Sie wurde 1890 bis 1893 zusammen mit dem 87 Meter hohen Turm in neogotischen Formen über einem kreuzförmigen Grundriss erbaut. Als Baugrund diente der vormalige Galgenplatz, auf dem 1837 die letzte öffentliche Hinrichtung stattgefunden hatte. Der Galgen und die dazugehörige Begräbnisstätte waren zwar im Zusammenhang mit dem Bau der Berlin-Stettiner Eisenbahn entfernt worden, einen Käufer aber gab es lange nicht. Zwischenzeitlich als Marktplatz genutzt, erwarb die Sebastiangemeinde schließlich das anrüchige Grundstück. Ein Glücksfall, wie sich erweisen sollte, bestand doch damit die Möglichkeit, im dicht bebauten und horrend teuren Stadtgebiet ein freistehendes Gotteshaus zu errichten. Den Zuschlag als entwerfender Architekt erhielt Max Hasak, der wie Blankenstein und Schwechten Absolvent der Bauakademie war und wenige Jahre zuvor gemeinsam mit Richard Cramer die St. Hedwigs-Kirche vollendet hatte.

Am 16. November 1943 fand hier unter großer Anteilnahme der Bevölkerung die Aufbahrung des von den Nationalsozialisten eingekerkerten und in der Haft verstorbenen Domprobstes Bernhard Lichtenberg statt. Nur sechs Tage später brannte die Sebastiankirche nach einem Luftangriff der Alliierten komplett aus und musste nach dem Krieg wiederaufgebaut werden. Das Gotteshaus wird seit einigen Jahren als Simultankirche von der Sebastiangemeinde und der Kroatischen Mission in St. Sebastian genutzt.

Die weitaus meisten erhaltenen Bauten in der Rosenthaler Vorstadt sind der Stilepoche des Historismus zuzurechnen. Anders als der Klassizismus griff dieser nicht mehr auf Formen und Maßverhältnisse der griechischen und römischen Antike, sondern auf Vorbilder aus Romanik, Gotik, Renaissance und Barock zurück. Eine Rückbesinnung, die zwar durchaus innovatives Potential besaß, aber sich häufig genug in einem übertriebenen Bedürfnis nach Repräsentation erschöpfte und einen Eklektizismus hervorbrachte, den schon die Zeitgenossen als „Karneval der Stile“ empfanden.

In Arbeitervierteln wie der Rosenthaler Vorstadt ging es bescheidener, aber nicht maßvoller zu. Von den Wohnhäusern aus dieser Zeit genügen nur wenige künstlerischen Ansprüchen. Zu ihnen gehören die in den späten 1870er Jahren entstandenen Mietshäuser Rheinsberger Straße 73 und Bergstraße 18 sowie das 1888 erbaute zweite Pfarrhaus der Zionsgemeinde in der Schwedter Straße 231. Es verwundert kaum, dass

Rheinsberger Straße 73

Schwedter Straße 231

Bergstraße 22

Bergstraße 22

die Gestaltung aller drei Gebäude noch weitgehend dem Formenkanon des Klassizismus verpflichtet ist.

Ein qualitätsvolles Beispiel des Historismus stellt hingegen das ehemalige Brauereigebäude auf dem Hof Bergstraße 22 dar. Es wurde im Auftrag der Firma Gebrüder Josty errichtet und am 21. Oktober 1890 versichert. Als Eigentümerin wird in den Akten der Feuersozietät „Frau Brauereibesitzer Koerner, Catharina geb. Josty" genannt.[58] Die Doppelparzelle mit dem schon bestehenden Vorderhaus und zwei Seitengebäuden trug zu der Zeit noch die Nummern 23/24 und gehörte zu den einstigen Kolonistengrundstücken. Letzter Eigentümer war der Fuhrherr Moritz gewesen.

Die Remisen rechts und links im Hof beherbergten die Brauereiwagen. Der Pferdestall lag im Keller des linken Seitenflügels und ist in seiner ursprünglichen Form als Gewölbekeller mit aus Granit gehauenen Tränken und einer Abflussrinne noch erhalten. Diesen Keller erreichten die Pferde über eine enge, steile Rampe. Das Brauereigebäude selbst entstand als hochaufragender, den Hof beherrschender roter Ziegelverblendbau. Der Versicherungswert, ohne Nebengebäude und -gelasse, betrug stattliche 75.000 Mark. Die im Stil gotischer Kirchen durchgebildete Fassade, wobei statt der Heiligenfigur ein Zecher mit Bierseidel das Portal bekrönt, zeugte vom Selbstbewusstsein des Unternehmens, das auf eine fast 100-jährige Tradition verweisen konnte. Die Gebrüder Josty stammten aus der Schweiz und hatten 1798 eine Zuckerbäckerei in Berlin eröffnet, aus der im frühen 19. Jahrhun-

dert ein Kaffeehaus hervorging. Das Café Josty erfreute sich bald großer Beliebtheit bei den Hauptstädtern. Es residierte anfangs nahe dem Stadtschloss, später am Potsdamer Platz, wo Theodor Fontane zu den Stammgästen zählte.
Dass das Brauereigebäude allerdings im Gewand eines Sakralbaus daherkommt, offenbart noch einmal das grundsätzliche Dilemma des Historismus: die Ablösung der Form von der Funktion. Der Berliner Mutterwitz, nie um einen treffenden Ausdruck verlegen, taufte das Bauwerk denn auch prompt auf den Namen „Bier-Dom".
1902 kurzzeitig von der Tivoli-Brauerei und schließlich von der Bergbrauerei Nacher & Co. übernommen, scheint die Tätigkeit der Brauerei ab 1913 allmählich eingeschränkt worden zu sein. In Teile der Räume zogen die Auto-Technikum Nord GmbH, eine Automobillackiererei und ein Karosseriebaubetrieb. Die Brautradition an dieser Stelle endete in den 1930er Jahren. Firmen wie die Bürstenfabrik Schlosshauer oder die Schlosserei Krüger rückten nach. Im Zweiten Weltkrieg brannte das Gebäude nach einem Bombentreffer aus und blieb während der gesamten DDR-Zeit Ruine. Lediglich die unteren Geschosse wurden notdürftig gesichert und als Lagerraum genutzt.
Die Rettung erfolgte 1994 bis 1996; Projektentwicklung, Planung, Sanierung und Wiederaufbau des Einzeldenkmals „Josty-Brauerei" lagen in den Händen der Architekten Klaus Lattermann und Barbara Maria Elwardt. Heute sind hier Büros und Wohnungen, Galerien und Ateliers sowie das Gourmet-Restaurant Katz Orange untergebracht.
Im Hofraum der Schröderstraße 5 befindet sich ein weiterer neogotischer Bau, der jedoch von Anfang an als Gotteshaus für die evangelisch-methodistische Erlösergemeinde konzipiert und 1904 errichtet wurde. Die Entwürfe lieferte Carl Breuer. Abermals dienten rote Klinker als Verblendung der Fassade. Große Lanzettfenster, durch Bogenfriese verbunden, heben den Kirchsaal hervor, der sich im zweiten und dritten Geschoss befindet, während die unteren Ebenen

Schröderstraße

Wohnzwecken vorbehalten sind. Das Vordergebäude wird als Wohnhaus genutzt, stimmt aber mit seinen Erkerrisaliten, die am Dach durch Turmhauben fortgesetzt werden, bereits auf die kirchliche Nutzung des Grundstücks ein. Der Komplex wurde als einer der ersten in der Schröderstraße erbaut, die erst 1904 unter Einbeziehung des Werksgeländes der ehemaligen Eisengießerei Hoppe entstand.
Vom Stil oberitalienischer Villen ist das 1890 errichtete Pfarrhaus der St. Elisabethgemeinde in der Invalidenstraße 4a inspiriert. Die drei klinkerverblendeten Hauptgeschosse

Torstraße 105–107

Hussitenstraße 4–5

erheben sich über dem verputzten und als Halbgeschoss ausgebildeten Souterrain, das gestalterisch mit dem Mezzanin unterm Dach korrespondiert. Historisierende Sandsteingliederungen und ein über zwei Etagen geführter Erker an der Straße tragen zum zurückhaltend noblen Eindruck bei.

Untergebracht sind im Haus das Zentrale Gemeindebüro der Gemeinden am Weinberg (Golgatha, Sophien und Zion) sowie das Kultur Büro Elisabeth (vorm. Kulturbüro Sophien), das die kulturellen Aktivitäten in der Elisabeth-Kirche wie auch in den anderen Kirchen des Gemeindeverbundes bündelt und für Vermietungen zuständig ist.

Im Auftrag der Reichspost wurde 1901/02 das viergeschossige Postgebäude Torstraße 105–107 erbaut. Über den Dienst- und Schalterräumen der beiden Sockelgeschosse, deren Abschluss ein Sohlbankgesims bildet, liegen Wohnungen, die offenbar für höhere Postbeamte gedacht waren. Dementsprechend aufwändig – mit Kolossalpilastern und neobarockem Zierrat in den Fensterbrüstungen – ist der obere Fassadenteil gestaltet. Der asymmetrisch eingefügte Risalit mit dem rundbogigen, wappengeschmückten Blendgiebel verklammert die Funktionsebenen und verweist zugleich auf den öffentlichen Charakter des Gebäudes.

Geradezu ein Potpourri historisierender Gestaltung bot die Wohnanlage in der Hussitenstraße 4–5. Die Gebäude entstanden 1903/04 nach Entwürfen von Ernst Schwartzkopff im Auftrag des Vaterländischen Bauvereins. Unterschiedliche stilistische Ausformungen sollten die architektonische Entwicklung Berlins von den Anfängen im Mittelalter bis in die Gegenwart des wilhelminischen Reiches dargestellt werden. Die Baugruppen der ehemals sechs Höfe wurden im Stil der Romanik (1. Hof), Gotik (2. Hof), altdeutsche Bauart (3. Hof), Renaissance (4. Hof), Barock (5. Hof), Gegenwart (6. Hof) gestaltet. Die Häuser waren mit Ein-, Zwei- und Dreizimmerwohnungen sowie mit Einzelzimmern ausgestattet. Neben Geschäften gab es für die Bewohner eine Badeanstalt, eine Bibliothek und ein vom Bauverein unterhaltenes Hospiz. Nach Zerstörungen im Zweiten Weltkrieg und Abrissen in den 1970er Jahren haben sich nur Gebäude und Gebäudeteile des ersten bis vierten Hofes erhalten. Das Quergebäude des ersten Hofes mit einer überlebensgroßen Petrusfigur im Dreiecksgiebel des Mittelrisalits bildet heute den Zugang zur Hofanlage.

Der Anbruch des 20. Jahrhunderts, einhergehend mit der Überwindung der Gründerkrise und ihren wirtschaftlichen Folgen, gab nicht nur der Bautätigkeit neue Impulse, sondern trug auch zu einer künstlerischen Neupositionierung bei, die sich unter dem Stichwort „Jugendstil" in frischen Formen, der Fassadenbehandlung nach malerischen Gesichtspunkten und im Streben nach Einfachheit unter Vermeidung des Überladenen manifestierte. Eine zeitgenössische „Stilkunde" konstatierte: „Die konstruktive Entwicklung wird stets betont. Dieselbe erinnert bei den großen Geschäftshäusern mit dem hochragenden Pfeilersystem und den riesigen Öffnungen einerseits an die mittelalterliche Kunst, andererseits an die ingenieurtechnischen Aufgaben der Zeit, die einen mächtigen Einfluss ausüben auf die Architektur und ihr durch Einfügung des Eisens in den Bau einen neuen, durchaus zeitgemäßen Charakter geben."[59]

In der Rosenthaler Vorstadt haben sich mehrere Gebäude erhalten, an denen diese Intentionen ablesbar sind. Zu ihnen gehört das von Adolf Bürckner entworfene und 1907 im Hintergrund des Pfarrhauses von St. Elisabeth erbaute Gemeindehaus in der Invalidenstraße 4. Die „Villa Elisabeth" mit ihrer im Inneren überlieferten Jugendstildekoration dient heute, wie die Kirche selbst, vorrangig als Kulturstandort.

Ein frühes Wohnhausbeispiel im Jugendstil stellt die Brunnenstraße 24 dar. Das 1900/01 errichtete fünfgeschossige Gebäude wird durch Pilaster und Erker gegliedert und über den mittleren Achsen von einem geschweiften Giebel bekrönt. Die gerahmten Brüstungsfelder der Erker sind mit floralen und figürlichen Darstellungen geschmückt. Balkons, Loggien sowie der von einer kunstvollen Schmiedeeisenarbeit eingefasste Fahrstuhl im Treppenhaus zielten auf zahlungskräftige Mieter. Dem Vorderhaus schließen sich zwei gewerblich genutzte Höfe an, deren Gebäude weiße Glasursteinverkleidungen erhielten, wie sie für die Industriehöfe des frühen 20. Jahrhunderts typisch werden sollten.

Nur wenig später entstand das Warenhaus Jandorf, Brunnenstraße 19–21. Es wurde 1903/04 nach Entwürfen von Lachmann & Zauber errichtet. Die durchgängige Pfeilerkonstruktion mit großen, dreigeteilten Fenstern und halbrund geformtem Eck verbindet

9. Gemeindehaus von St. Elisabeth

Brunnenstraße 24

Ehemaliges Warenhaus Jandorf, Brunnenstraße 19–21

Brunnenstraße 181

Brunnenstraße 188–190

die Fassadenteile an der Brunnen- und Veteranenstraße. Den seitlichen Abschluss zu den Nachbarhäusern bilden jeweils zweiachsige Risalite. Durch das Pfeilersystem erhält das Gebäude eine starke vertikale Ausrichtung, die mittels eines mächtigen Dachreiters über dem Eingangsbereich zusätzlich betont wird. Ein verziertes Brüstungsband über dem vierten Geschoss gehört zu den sparsam eingesetzten Schmuckelementen.

Louis Lachmann hatte bereits mit Bernhard Sehring 1899/1900 das Warenhaus Tietz an der Leipziger Straße 46-49 errichtet (Kriegsverlust) und sich inzwischen mit Carl Zauber zu einer Bürogemeinschaft zusammengeschlossen. Das Büro befand sich in der Weinmeisterstraße 9, nicht weit von der Baustelle in der Rosenthaler Vorstadt entfernt. Lachmann & Zauber schufen darüber hinaus die 1905 eröffnete Komische Oper in der Friedrichstraße 104/Ecke Weidendamm (Kriegsverlust) sowie das Mausoleum der Familie Lachmann-Katz auf dem Jüdischen Friedhof in Weißensee.

Zu den damals vorbildlichen Gewerbehofanlagen gehörte der 1909 eröffnete Brunnenhof in der Brunnenstraße 181. Als Stahlskelettbau ausgeführt, der in allen Geschossen eine variable Nutzung gestattete, wurde die Gebäudegruppe der vier Höfe mit weißen Glasursteinfronten ausgestattet. Anfang der 1990er Jahre saniert und neu gestaltet, sind auf den insgesamt 8.000 Quadratmeter Nutzfläche heute mehr als 30 größere und kleinere Firmen untergebracht. Die inzwischen mehrfach für ihre Arbeit ausgezeichnete Stadtbezirksbibliothek ist das Herzstück der heutigen Brunnenhöfe. Der Haupteingang mit dem neu entstandenen gläsernen Foyer befindet sich im 3. Hof.

Benannt wurde die Einrichtung nach dem in den 1920er und 1930er Jahren hier tätigen Bibliothekar Philipp Schaeffer, der als Mitglied der Widerstandsgruppe „Rote Kapelle“ 1943 vom NS-Regime zum Tode verurteilt und hingerichtet wurde.

Untergebracht sind im Komplex außerdem verschiedene Firmen, eine ärztliche Praxisgemeinschaft und foodwatch e. V. – Die Essensretter. Im Erdgeschoss des Vorderhauses etablierte sich 2012 die ocelot Buchhandlung, die mit dem selbst gestellten Anspruch „das Leseerlebnis zu revolutionieren" längst nicht mehr nur zu den Geheimtipps in Berlin zählt.

Von 1910/11 datiert das Industriehaus Rosenthaler Tor, Brunnenstraße 188–190. Ebenfalls als Stahlskelettbau errichtet, hat sich hier aber die Fassade des Vorderhauses nicht nur mit ihrer Pfeilergliederung, sondern auch noch mit ihrer ursprünglichen Dekoration wie den Masken und Girlanden in den Brüstungsfeldern oder dem Eierstabfries am Hauptgesims erhalten. Das schiefwinklige Grundstück gebot außerdem einen optischen Kunstgriff. Linksseitig wurden die Achsen leicht zurückgesetzt und weder mit dem Hauptgesims noch mit dem vorkragenden Dachanschluss verbunden, so dass die Durchfahrt scheinbar in der Mitte liegt. Seitenflügel und Quergebäude, mit weißen Glasursteinen verblendet, umschließen zwei Höfe. Im Komplex haben die Senatskanzlei – Kulturelle Angelegenheiten – und die Neue Schule für Fotografie Berlin ihren Sitz.

Eine bemerkenswerte Wohn- und Gewerbehofanlage im Jugendstil ist in der Ackerstraße 14/15 – Ackerhöfe – zu entdecken. Die Zusammenlegung der ehemals separaten Parzellen war 1836 unter dem Eigentümer Ferdinand Friedrich Wilhelmi erfolgt.[60] Das später aufgestockte Vorderhaus stammt im Kern von 1867. Die Neubebauung des rückwärtigen Areals, auf dem sich neben dem 1897 erbauten Fabrikgebäude lediglich Hühnerställe befunden hatten, datiert von 1911. Nach Plänen des renommierten Architekten Johannes Kraaz, zu dessen Werken das Gesellschaftshaus des Westens in der Schöneberger Hauptstraße oder der U-Bahnhof Bayerischer Platz zählen, entstanden zwei jeweils die gesamte Grundstücksbreite einnehmende Quergebäude, durch die sich eine Unterteilung in vier Höfe ergab. Der Verzicht auf Seitenflügel, die künstlerisch durchgebildeten Fassaden wie auch die Ausstattung der Gebäude mit Balkons, Loggien und Erkern stellten den zweifellos Versuch dar, neue soziale Schichten als Mieter in den Häusern zu gewinnen.

Ein herausragendes Zeugnis der baulichen Moderne besitzt die Rosenthaler Vorstadt mit dem Stadtbad Mitte in der Gartenstraße 5. Der architektonische Entwurf geht auf Carlo Jelkmann, die Innengestaltung auf Heinrich Tessenow zurück. Nach knapp zweijähriger Bauzeit 1930 fertig gestellt, besaß das Haus zur Eröffnung 80 Wannenbäder, 20 medizinische Bäder, 46 Duschzellen, ein russisch-römisches Dampfbad, ein glasüberdachtes, wettkampftaugliches 50-Meter-Schwimmbecken und

Ackerstraße 14/15

Stadtbad Mitte

Bergstraße 5/6

eine Sonnenterasse auf dem Dach. Es war das modernste Stadtbad Berlins und eines der letzten sozialen Großprojekte, die während der Weimarer Republik in der Hauptstadt realisiert werden konnten.

Auf die ältere Bebauung Rücksicht nehmend, unterteilte Jelkmann den mächtigen Korpus in drei Segmente, von denen die zwei äußeren die Traufhöhe der Straße aufnehmen, während das mittlere Segment überhöht wurde. Lochfassaden und einheitliche Verblendung mit gelben Klinkern verklammern die Teile. Dem vorderen Gebäudetrakt schließen sich als Hofflügel die Umkleidehallen und das Schwimmbad an, dessen Beleuchtung durch Lichthöfe gewährleistet wird.

Die äußere Gestaltung korrespondiert mit der im Inneren. Tessenow löste Decke und Wände der Schwimmhalle in überdimensionale Glasflächen auf, die lediglich von schmalen Pfeilern gerahmt werden und für ein Optimum an Licht sorgen. Nach dem Einsturz des Hallendaches zu DDR-Zeiten begann 1986 die Sanierung, die sich, bedingt durch die Wende und die nach der deutsch-deutschen Vereinigung neu eingeführten Baustandards, bis 1994 hinzog. Seitdem gehört das Stadtbad Mitte wieder zu den architektonischen Highlights in Berlin.

Abgesehen von den in Plattenbauweise errichteten Schulgebäuden in der Bergstraße 5/6 (Schule am Zillepark), in der Elisabethkirchstraße 19/20 (Albert-Gutzmann-Schule, 2006 abgerissen) und in der Gartenstraße 10–17 (Hemingway-Oberschule) tat sich baulich zu DDR-Zeiten in der Rosenthaler Vorstadt wenig. Umso erstaunlicher erscheint die in den Jahren 1954 bis 1958 vorgenommene großzügige Gestaltung des Volksparks am Weinberg nach Plänen des Gartenarchitekten Helmut Kruse, der dem relativ kleinen Parkgelände unterschiedliche Landschaftsbilder, Themengärten und Nutzungsräume abzuringen vermochte. Am Fuße des als Liegewiese dienenden Hanges wurde ein nierenförmiger Teich angelegt. Auf der Anhöhe, zentral positioniert, befindet sich die Caféterrasse. Das Café – heute Nola's am Weinberg – wurde 1958 nach Entwürfen von Hans Jährig und Max Kowohl anstelle des kriegszerstörten Wollankschen Ausflugslokal erbaut und fügt sich mit seiner Pavillonstruktur wirkungsvoll in den Park ein. Am nordwestlichen Rand, mit Zugang von der Veteranenstraße, steht das Denkmal für Heinrich Heine.

Der Dichter war 1821 zur Fortsetzung seines Studiums der Jurisprudenz in die preußische Hauptstadt gekommen und weilte noch einmal 1828 für längere Zeit in Berlin und Potsdam. Ob er der Rosenthaler Vorstadt je einen Besuch abgestattet hat, ist unbekannt. Die von ihm bevorzugten Orte und Adressen lagen in den älteren Teilen Berlins. In der Straße Unter den Linden sollte denn auch die von Waldemar Grzimek 1954 geschaffene Bronzeskulptur aufgestellt werden, die aber nicht den Vorstellungen der DDR-Kulturverantwortlichen entsprach. Fernab der Prachtstraße und erst vier Jahre später fand das Denkmal im Park am Weinberg Asyl.

Nach dem Ende der DDR änderte sich zunächst kaum etwas an dem maroden und, bedingt durch zahlreiche Kriegslücken, baulich zerrupften Eindruck des Viertels. Der Verkauf bzw. die Rückübertragung der bis dato volkseigenen oder unter Zwangsverwaltung stehenden Häuser wie auch die Schaffung neuer Planungsgrundlagen und die Genehmigung der Bauvorhaben erforderten ihre Zeit. Erst ab Mitte der 1990er Jahre setzte die Neubautätigkeit schrittweise ein. Als eines der ersten Projekte entstand 1995/96 das Wohn- und Geschäftshaus Anklamer Straße 39/40. Bauherr war das Gründerinnenzentrum Weiberwirtschaft eG. Die Architektin Inken Baller schuf mit dem Sechsgeschosser ein Gebäude, das sich diskret in die benachbarte historische Bebauung einfügt. In den zum Wohnen bestimmten oberen Etagen gliedern und beleben Balkons die schlichte Fassade. Die beiden unteren, von Ladengeschäften genutzten Geschosse – Adonis Apotheke und Buchhandlung Herschel – werden durch stahlgerahmte Fensterflächen betont. An die Rückfront des Hauses schmiegt sich ein runder Treppenturm an, der zugleich den Lift aufnimmt.

Die eigentlichen Räume der 1989 gegründeten Frauengenossenschaft Weiberwirtschaft eG, Europas größtem Gründerinnenzentrum, befinden sich in den hofseitigen Fabriktrakten, die mit ihren gestreiften Fassaden aus gelben und roten Klinkern noch die Herkunft aus dem späten 19. Jahrhundert verraten. Das Adressbuch von 1895 verzeichnete hier eine Knopf-, eine Werkzeug-, eine Zelluloidwaren- und eine Zigarrenfabrik. Zu DDR-Zeiten diente das Grundstück dem VEB Berlin Kosmetik als Produktionsstandort. Die 7.100 Quadratmeter Nutzfläche wurden bei der umfassenden Sanie-

Café Nola's am Weinberg

Anklamer Straße 39/40

Buchhandlung Herschel, Anklamer Straße 38

Bernauer Straße 8

Zehdenicker Straße 8b–10

rung der Fabriketagen nach sozialen und ökologischen Gesichtspunkten gestaltet. Im 2. Hof wartet das Restaurant Naked Lunch – mittags Kantine, abends Restaurant – mit saisonaler und regionaler Küche auf.

Seither sind in der Rosenthaler Vorstadt eine Vielzahl von privaten Neubauvorhaben realisiert worden. Dazu gehören die Wohnhäuser Ackerstraße 8 (Architekt: Markus Hagen, 2008) und Ackerstraße 36 (DAHM ARCHITEKTEN + INGENIEURE, 2002), Bergstraße 17 (Kreitz Kopf Henne Dahm – Freie Architekten, 2005), Elisabethkirchstraße 2 (Schlosser Lamborelle Architekten, 2009), Fehrbelliner Straße 45–48 (Fehrbelliner Höfe, Eike Schmidt_Architekten), Ruppiner Straße 43, Schönholzer Straße 10a (zanderroth architekten, 2007), Ruppiner Straße 45 (Jörn Focken, D: 4 Architektur, 2008) oder die Townhouse-Anlagen Choriner Höfe, Choriner Straße 84, Zehdenicker Straße 8b–10 (Frank Schiffer; Planungsgesellschaft von Kathen und Wall mbH; Haas, Architekten; Collignon Architektur, 2012) sowie Strelitzer Straße 54 (Architekt: Peter Richter, 2007).

Als Wohn- und Geschäftshäuser konzipiert wurden die Brunnenstraße 192/193 (Anne Lampen Architekten, 2004) und die Invalidenstraße 154/ Ecke Ackerstraße (Architekt: Horst Basedahl, 1996). Zu den bemerkenswerten Projekten, die entstanden, zählen der Anbau in der Elisabethkirchstraße 15 (Sorge Steudtner Architekten, 2007), das Wohnhaus Strelitzer Straße 63 (Jasper & Partner Architekten, 2006) oder die Gebäude Veteranenstraße 24 (Peters Waldschmidt Womuth Architekten, 2006).

Der Großteil all dieser Bauten zeichnet sich durch individuelle architektonische Lösungen und anspruchsvolle Formgebung aus, die zumeist jedoch auch im Kaufpreis der Wohnungen bzw. in den Mieten ihren Niederschlag finden.

Eine Ausnahme bildet da das 2003 bis 2005 nach Entwürfen von roedig. schop architekten errichtete Wohnhaus Anklamer Straße 52. Auftraggeber war die zehnköpfige Baugruppe

TEN IN ONE. Trotz hohem Qualitätsanspruch konnten die Quadratmeterkosten mit 1.600 Euro äußerst niedrig gehalten werden. Die „Idee von übereinandergestapelten Eigenheimen“ widerspiegelt sich in den raumhohen Fenstern und Rahmungen wie auch in der horizontalen Gliederung der Fassade. Das Projekt erhielt u. a. den Bauherrenpreis 2006 und den Deutschen Fassadenpreis 2009.

Nicht an Bauherren verkauft, sondern in Erbpacht vergeben wurden die am ehemaligen Mauerstreifen gelegenen Grundstücke Bernauer Straße 5–8d und Strelitzer Straße 53. Nach Entwürfen mehrerer Architekten, darunter Kai Hansen, XTH, Ludloff, Schoening, Sigl-Dubbers, Thiessen, entstand beiderseits einer öffentlich zugänglichen Privatstraße eine kleine Townhouse-Siedlung, die sich durch Formen- und Materialvielfalt auszeichnet. Die dreigeschossigen Stadthäuser, die jeweils von einer Familie bewohnt, teils auch gewerblich genutzt werden, sind individuell und nach energieeffizienten Kriterien gestaltet. So befinden sich die Wohnräume zumeist in den oberen Etagen, um das natürliche Licht und die Sonnenwärme auszunutzen. An zwei der Baugruppen bzw. Bauten – Bernauer Straße 8 (ebers architekten) und Strelitzer Straße 53 (Fat Koehl Architekten und Anna von Gwinner) – ging der Architekturpreis Berlin 2009.

Lange Zeit als Investruine gammelte das Vorderhaus Brunnenstraße 9 vor sich hin. Es wurde schließlich von Arno Brandlhuber erworben, der ein Galerie- und Atelierhaus entwarf, das 2010 fertig gestellt werden konnte. In der bewussten Abkehr vom Berliner Retrolook der letzten Jahre gelang mit minimalen Mitteln – roh belassener Wände und offen verlegter Leitungen – ein Stück experimenteller und wegweisender Architektur. An der Geschosshöhe der benachbarten Häuser orientiert, erhielt die Straßenfassade eine Verkleidung aus lichtdurchlässigen Polycarbonatplatten, die für den Betrachter insbesondere abends ihren Reiz entfaltet. Zum Hof öffnet sich das Gebäude mittels großzügiger Fensterflächen und einer von hier aus über die Etagen geführten freitragenden Außentreppe.

Für die Kindertagesstätte der Evangelischen Kirchengemeinde Sophien (heute Gemeinde am Weinberg) in der Elisabethkirchstraße 20/21 schuf Jan Große vom Architekturbüro MGHS 2008/09 einen moder-

Brunnenstraße 9 (Hofseite)

Elisabethkirchstraße 20/21

Versöhnungskapelle mit Glockenstuhl

Versöhnungskapelle, Innenansicht

nen Erweiterungsbau, der sich an das Gemeindehaus von St. Elisabeth und den dort schon seit 1907 untergebrachten Kindergarten anschließt. Das zweigeschossige Gebäude aus Stahl, Glas und Sichtbeton besitzt neben flexibel nutzbaren Gruppenräumen in der oberen Etage zusätzlich einen Bewegungs- und Veranstaltungsraum im Erdgeschoss. Die lang gestreckte Westfassade öffnet sich mit geschosshohen Fensterfronten zu dem von der Landschaftsarchitektin Birgit Hammer gestalteten Spielplatz und Garten. Den Eingang an der Elisabethkirchstraße bildet ein mit großen Fensterflächen ausgestattetes Foyer, das zwischen Alt- und Neubau vermittelt. Ökologisch vorbildlich wird das Regenwasser aufgefangen, um es für Toilettenspülung und Bewässerung des Gartens zu nutzen. Die Dachbegrünung sorgt sommers für Kühlung in den Innenräumen. Eine Solaranlage dient der Warmwasserbereitung.

Der Bund, vertreten durch das Deutsche Historische Museum, lobte 1994 einen Wettbewerb zur Schaffung eines Denkmals aus, das an die fast drei Jahrzehnte währende Teilung Berlins und die Maueropfer erinnern sollte. Realisiert wurde der Entwurf des Architekturbüros Kohlhoff + Kohlhoff. Die 1998 eingeweihte Gedenkstätte Berliner Mauer auf einem Teilstück des einstigen Sophienfriedhofs besteht aus zwei Stahlwänden, die einen 60 Meter langen Abschnitt des Todesstreifens unter Erhalt der originalen Mauer und Vorderlandmauer einfassen. Die Inschrift am Eingang lautet: „In Erinnerung an die Teilung der Stadt vom 13. August 1961 bis 9. November 1989 und zum Gedenken an die Opfer kommunistischer Gewaltherrschaft".

Dass für das Gedenken kein Ort an zentraler Stelle, sondern am Rande des Stadtbezirks Mitte gewählt wurde, stieß hier und da zunächst auf Skepsis. Die Sophiengemeinde sah sich noch dazu um die Ansprüche auf den Teil ihres Friedhofs gebracht, dessen sich die DDR zum Bau der Mauer bemächtigt hatte.

Von Anfang an aber stieß die Mauergedenkstätte auf ein breites Interesse im In- und Ausland. Rasch wuchsen die Besucherzahlen. Schon 1997 regte der Berliner Senat die Gründung eines Vereins an, der die Trägerschaft für den Aufbau eines Dokumentationszentrums übernahm. Es konnte zum 10. Jahrestag des Mauerfalls 1999 im Gemeindehaus der Versöhnungsgemeinde eröffnet werden. Durch ZHN Architekten wurde

das Gebäude umgestaltet und 2003 um einen Aussichtsturm erweitert.
2000 fand die Einweihung der Versöhnungskapelle statt. Sie entstand nach Plänen von Peter Sassenroth und Rudolf Reitermann unter der Leitung von Martin Rauch als Lehmstampfbau über den Fundamenten des Chorraumes der 1985 gesprengten Versöhnungskirche. Im Inneren befinden sich das Retabel, der geschnitzte Altaraufsatz, und die Mensa, die Altartischplatte, die aus dem alten Gotteshaus gerettet wurden. Ein Fenster im Boden gewährt den Blick auf ein Stück Kellertreppe, deren Tür beim Mauerbau 1961 zugemauert wurde. Die geborgenen Kirchenglocken sind in einem Glockenstuhl im Außenbereich untergebracht.
Neben der Versöhnungskapelle ist die von der Bildhauerin Josefina de Vasconcellos geschaffene Plastik „Reconcillon“ aufgestellt, die an das Leid des Zweiten Weltkrieges mahnt und zur Versöhnung aufruft. Exemplare der Skulptur befinden sich außerdem in der Kathedrale von Coventry und im Friedensmuseum Hiroshima.
Von 2006 stammt das auf dem ehemaligen Areal des Sophienfriedhofes errichtete „Fenster der Erinnerung“: eine Stahlwand mit den Lebensdaten und Fotos der namentlich bekannten Todesopfer der Berliner Mauer. Bis heute ist ihre Zahl nicht genau bekannt. Die Forschung geht von mindestens 138 Toten aus.
Zu den zuletzt vorgenommenen Erweiterungen der zentralen Gedenkstätte Berliner Mauer zählen das Besucherzentrum mit Ausstellungsräumen und Buchhandlung an der Bernauer Straße/Ecke Gartenstraße sowie die Außenausstellung auf dem 1,4 Kilometer langen ehemaligen Todesstreifen zwischen Garten- und Strelitzer Straße. Für die Planungen bestimmt wurden Wettbewerbsentwürfe der Büros sinai, ON architekten und Mola + Winkelmüller Architekten. Dort, wo die authentische Grenzanlage nicht mehr vorhanden ist, markieren Reihungen von Stahlstäben deren Verlauf und symbolisieren zugleich die Öffnung der Mauer. Audiovisuelle Stelen informieren über die Geschichte des Mauerbaus und seine Folgen. Freigelegt wurden die Fundamente des Hauses Bernauer Straße 10b und der Versöhnungskirche wie auch ein Stück der durch die Grenzanlagen überbauten Bergstraße.

Besucherzentrum Gedenkstätte Berliner Mauer

Reihung von Stahlstäben, Gedenkstätte Berliner Mauer

Anmerkungen

1 Alfred Döblin: Berlin Alexanderplatz. Die Geschichte von Franz Biberkopf, Frankfurt a. M. 1980, S. 14
2 Zitiert in: Rudolf Skoda: Das „Voigtland". Wohnhäuser und Wohnverhältnisse der Stadtarmut in der Rosenthaler Vorstadt von Berlin 1750-1850, Miniaturen zur Geschichte, Kultur und Denkmalpflege, Nr. 15, Berlin 1985, S. 6 f.
3 Landesarchiv Berlin (LAB), A Rep. 180, Nr. 264 (Voigtlandstraße, Grundstücke des Maurers Müller und des Zimmermeisters Forkel)
4 Skoda, S. 13
5 Ebd., S. 25
6 Ebd., S. 25
7 Eduard Kuntze: Das Jubiläum vom Voigtland oder Geschichte der Gründung und Entwicklung der Rosenthaler Vorstadt bei Berlin, von 1755 bis 1855, Berlin 1855, S. 17
8 Ebd., S. 14
9 Ebd., S. 17
10 Zitiert in: Johann Friedrich Geist/Klaus Kürvers: Das Berliner Mietshaus 1740-1862. Eine dokumentarische Geschichte der „von Wülcknitzschen Familienhäuser" vor dem Hamburger Tor, der Proletarisierung des Berliner Nordens und der Stadt im Übergang von der Residenz zur Metropole, München 1980, S. 60
11 Ebd., S. 60 f.
12 Kuntze, S. 18 f.
13 Zitiert in: Geist/Kürvers, S. 93
14 Ebd., S. 126
15 Ebd., S. 132
16 Kuntze, S. 19
17 Bettine. Eine Auswahl aus den Schriften und Briefen der Bettina von Arnim-Brentano. Auswahl und Einführung: Dr. Gisela Kähler, Berlin 1951, S. 519 ff.
18 Zitiert in: Geist/Kürvers, S. 137
19 Helga Nora Franz-Duhme/Ursula Röper-Vogt: Schinkels Vorstadtkirchen. Kirchenbau und Gemeindegründung unter Friedrich Wilhelm II. in Berlin. Herausgegeben von der Evangelischen Kirche in Berlin-Brandenburg, Berlin 1991, S. 148
20 Ebd., S. 166
21 Ebd., S. 244
22 Heinz Knobloch: Berliner Grabsteine, Berlin 1887, S. 43
23 Kuntze, S. 18
24 LAB, A Rep. 180, Nr. 276 (praevia taxa 26. April 1843)
25 Kuntze, S. 29
26 LAB., A Rep. 180, Nr. 264
27 Ebd., A Rep. 180, Nr. 271
28 Ebd., A Rep. 180, Nr. 210
29 Ebd., A Rep 160, Nr. 210
30 Theodor Fontane: „Wie man in Berlin so lebt". Beobachtungen und Betrachtungen aus der Hauptstadt. Herausgegeben von Gotthard Erler, Berlin 2000, S. 208
31 Geschichte Berlins. Zweiter Band. Von der Märzrevolution bis zur Gegenwart. Herausgegeben von Wolfgang Ribbe, 2. durchgesehene Auflage, München 1988, S. 665
32 Johann Friedrich Geist/Klaus Kürvers: Das Berliner Mietshaus 1862–1945. Eine dokumentarische Geschichte von „Meyer's Hof" in der Ackerstraße 132–133, der Entstehung der Berliner Mietshausquartiere und der Reichshauptstadt zwischen Gründung und Untergang, München 1984, S. 284
33 Zitiert in: Ebd., S. 131
34 Julius Rodenberg: Im Berliner Norden. In: Bilder aus dem Berliner Leben. Herausgegeben von Gisela Lüttig. Mit einem Vorwort von Heinz Knobloch, Berlin 1987, S. 167 f.
35 Zitiert in: Geist/Kürvers, S. 290
36 Bauordnung für die Stadt Berlin vom 3. November 1925. Herausgegeben von Walter Koeppen, Berlin 1925, S. 14
37 Wolfgang Schäche/Norbert Szymanski: Brunnenstraße 181. Vom voigtländischen Siedlerhaus zur Stadtbibliothek Mitte, Berlin 2009, S. 66 f.
38 Geschichte Berlins, S. 953

39 Günter Peters: Kleine Berliner Baugeschichte. Von der Stadtgründung bis zur Bundeshauptstadt, Berlin 1995, S. 180
40 Ebd., S. 196
41 Archiv flurstück GmbH
42 Christian Halbrock: Weggesprengt. Die Versöhnungkirche im Todesstreifen der Berliner 1961-1985. In: HORCH UND GUCK. Zeitschrift zur kritischen Aufarbeitung der SED-Diktatur, 17. Jahrgang, Sonderheft 2008, Berlin 2008, S. 22 f.
43 Die Sanierung der Rosenthaler Vorstadt 1994-2009 – Ziele, Konzeption, Durchführungsprozess, Ergebnisse, Herausgegeben vom Koordinierungsbüro zur Unterstützung der Stadterneuerung in Berlin, im Auftrag des Bezirksamtes Mitte, Berlin 2010, S. 513
44 Ebd., S. 599
45 Gerhart Hauptmann: Das Abenteuer meiner Jugend. Zweites Vierteljahrhundert. Mit einem Nachwort von Manfred Müller-Lauterbach, Berlin und Weimar 1980, S. 582 ff.
46 Theodor Heuss: Vorspiele des Lebens. Jugenderinnerungen, Stuttgart-Hamburg 1953, S. 268 ff.
47 Heinrich Mann: Varieté im Norden. In: Das öffentliche Leben. Essays. Mit einem Nachwort von Michael Stark und einem Materialienanhang, zusammengestellt von Peter-Paul Schneider, Frankfurt a. M. 2001, S. 160 f.
48 Erwin Geschonneck: Meine unruhigen Jahre. Herausgegeben und mit einem Nachwort versehen von Günter Agde, 2. Auflage, Berlin 1984, S. 19 f.
49 Curt Moreck: Führer durch das „lasterhafte" Berlin, Faksimile der Erstausgabe von 1931, Berlin 1996, S. 201
50 Christa Reinig: Die himmlische und die irdische Geometrie. Mit Linolschnitten von Karl Kohnen, Düsseldorf 1975, S. 102 ff.
51 Ina Seidel: Lebensbericht 1885-1923, Stuttgart 1970, S. 210 f.
52 Zitiert in: Ferdinand Schlingensiepen: Dietrich Bonhoeffer 1906-1945. Eine Biographie, 3. Auflage, München 2013, S. 124
53 Regine Hildebrandt: Was ich denke, München 1994, S. 23
54 Knobloch: Grabsteine, S. 31
55 Theodor Fontane: Von Zwanzig bis Dreißig. Autobiographische Schriften. Mit einem Nachwort von Martin Meyer, Zürich 1987, S. 260 f.
56 Zitiert in: Theodor Hosemann. Herausgegeben von Hans Ludwig, 2. Auflage, Berlin 1980, S. 99
57 Zitiert in: Gerhardt Dippel: Albert Lortzing. Ein Leben für das deutsche Musiktheater, Berlin 1951, S. 86
58 LAB, A Rep. 180, Nr. 27
59 Karl Otto Hartmann: Stilkunde. Vierte, unveränderte Auflage, Leipzig 1908, S. 246
60 LAB, A Rep. 180, Nr. 271

Namensregister

A
Adass Jisroel Gemeinde **67**
Adelmann **16**
„Adler“ Grundstückverwertungs-Gesellschaft mbH **61**
Adonis Apotheke **139**
AEG-Schnellbahn AG **62**
Aeskulap-Apotheke **66**
Akademie der Tonkunst München **94**
Allgemeine Elektricitäts Gesellschaft (AEG) **53, 62, 80, 98, 130**
Allgemeiner Deutscher Fahrrad-Club Berlin e. V. (ADFC) **9**
Altenstein, Karl Sigmund Franz vom Stein zum **27**
Anderhalten, Claus **128**
Anne Lampen Architekten **140**
Antiquariat Wiederhold & Mink **83**
Arbeitsgemeinschaft Judentum und Christentum **106**
Architekturbüro MGHS **141**
Armen-Speisungs-Anstalten **59**
Arnheim, Dr. Georg **66**
Arnim, Bettina von, geb. Brentano **23, 25, 114**
Aschinger **6**
Assmann, Franz Gustav **45**
Auto-Technikum Nord GmbH **133**

B
Bach, Johann Christian **117**
Bach, Johann Christoph Friedrich **116**
Bach, Johann Sebastian **30, 116**
Bach, Wilhelm Friedrich Ernst **116**
Basedahl, Horst **140**
Baller, Inken **139**
„Ballhaus Mitte“, vorm. „Altdeutsches Ballhaus“ **99**
Bamm, Peter **102, 103**
Bauakademie **113, 122, 128, 131**
Bause, Arndt **119**
Bause, Inka **119**
Bechstein, Carl **118**
Bechstein, Eduard **118**
Bechstein, Helene **118**
Behr, Heiner **83**
„Behrens-Festsäle“ **98**
Behrens, Peter **130**
Bekennende Kirche **105**
Bergbrauerei Nacher & Co. **133**
Berger **16**
Berger, Wilhelm **121**
Berliner Ensemble **98**
„Berliner Liedertafel“ **118**
Berliner Philharmoniker **118**
Berliner Universität, nachm. Friedrich-Wilhelms-Universität, heute Humboldt-Universität **30, 98, 103**
Berliner Unterwelten e. V. **9**
Berliner Verein für Volksbäder **54**
Berliner Viehmarkt-Aktien-Gesellschaft **43**
Berlin-Stettiner Eisenbahn **76**
Bethge, Eberhard **103**
Bezirkszentralbibliothek Philipp Schaeffer, vorm. Stadtbücherei Berlin-Mitte **61**
Biedermann, Karl **123**
Biermann, Wolf **107**
Blankenstein, Hermann **57, 128, 129**
Block, Klaus **121**
Bloss, Richard **60**
Blumenhaus Nord **8**
Boegehold, Philipp Wilhelm Moritz **30, 31**
Bogen, Carl **66**
Bolle, Carl **110**
Bohnhoff **125**
Bonaparte, Napoleon, Kaiser von Frankreich **19**
Bonhoeffer, Dietrich **88, 102, 103, 104, 105, 123**
Bonhoeffer, Karl **102**
Bonhoeffer, Paula, geb. von Hase **103**
Borchert, Carl Friedrich Christian **39**
„Borussia-Festsäle“ **97, 98**
Borsig, August **53, 93**
Brandlhuber, Arno **141**
Brecht, Bertolt **98**
Breuer, Carl **133**
Brockensammlung **89**
Bronzegießerei „S. A. Loevy“ Siegfried **35**
Brunnhilde e. V. **91**
Buchhandlung Herschel **139, 140**
Buchhandlung Starick **6**

„Bund für Neue Tonkunst" **94**
Bündnis 90/Die Grünen **116**
Bürckner, Adolf **122**
Bürstenfabrik Schlosshauer **133**
Büsching, Johann Stephan Gottfried **21, 27**
Butting, Max **94**
Büttner **21**

C
Café Josty **133**
Café Nola's am Weinberg **138, 139**
Calabash Club **85**
Canaris, Wilhelm **105**
„Cap Arkona" **98**
Carow, Erich **95, 96**
Carow, Heiner **116**
C. Bechstein Pianofortefabrik **119**
Cendrowicz, Leib Leo **66**
Central-Viehhof **43**
Charité **24, 126**
Chemische Reinigung Herz **124**
Christian (Gärtner) **19**
Christuskirche **58**
„Club der Polnischen Versager" **84**
Cohn, Abraham **40**
„Colibri-Festsäle" **98**
Collignon Architektur **141**
Continental Gesellschaft für elektrische Unternehmungen Nürnberg **62**
Cornelius, Peter **112**
Cramer, Richard **131**

D
Dahm Architekten + Ingenieure **140**
„Demokratie Jetzt" **116**
Deutsche Akademie der Künste Berlin (Ost) **95**
„Deutsche Allgemeine Zeitung" (DAZ) **102**
„Deutsche Christen" **105**
Deutsche Reichsbahn **35**
Deutsche Stiftung Denkmalschutz **121**
„Deutsche Zukunft" **102**
Deutschkron, Inge **67**
Deutschnationale Volkspartei (DNVP) **65**
Diakoniestiftung Lazarus **30**
„Die Hilfe" **93**
„Die Sieben Weisen des Hippelschen Kellers" **110**
Dieter, F. **124**
Döblin, Alfred **5, 144**
Dohnanyi, Hans von **105**
Domkantorei **106**
Dörre **125**

E
Ebell **16, 17**
ebers architekten **141**
Ehre, Ida **38**
Eike Schmidt_Architekten **140**
Eisengießerei Aktien-Gesellschaft **48, 53**
Eisengießerei C. Hoppe **133**
Elisabeth Ludovika, Prinzessin von Bayern, Königin von Preußen **28**
Elwardt, Barbara Maria **133**
Evangelische Kirchengemeinden am Weinberg (Golgatha, Sophien und Zion) **122, 134, 141**
Evangelisches Konsistorium Brandenburg, vorm. Kurmärkisches Konsistorium, Königliches Konsistorium **27, 29, 106, 109**
Engelmann **24**
Erk-Chor **35**
Erk, Ludwig Christian **35**
Evangelische Verlagsanstalt Berlin **107**

F
Fachmesse Bright **57**
Falkenstein, Siegfried **66**
Fallersleben, Heinrich Hoffmann von **109**
Fashion Week **56**
Fat Koehl Architekten **141**
Fehse, Alfred **62**
„Fenster der Erinnerung" **143**
Ferch, Heino **79**
„Festival der Internationalen Gesellschaft für Neue Musik" **94**
Fontane, Emilie, geb. Rouanet-Kummer **40**
Fontane, Theodor **40, 41, 110, 113, 144, 145**
foodwatch e. V. – Die Essensretter **137**
Förderprogramm Wohnungs-

politische Selbsthilfe **127**
Focken, Jörn D:4 Architekten **140**
Forck, Gottfried **106**
Fortschrittliche Volkspartei **93**
Forum Fridericianum **15**
Foto Borch **8**
Französische Militäradministration **71**
Frauenverein der Loge Bnai Brith **91**
Freie Demokratische Partei (FDP) **94**
„Freitag“ **116**
Freundeskreis St. Elisabeth-Kirche e.V. **122**
Friedensmuseum Hiroshima **143**
Friederike Luise, Königin von Preußen **117**
Friedrich II., der Große, König von Preußen **5, 11**
Friedrich Wilhelm I., der „Soldatenkönig“, König von Preußen **12**
Friedrich Wilhelm II., König von Preußen **144**
Friedrich Wilhelm III., König von Preußen **21, 27, 28, 117**
Friedrich Wilhelm IV., König von Preußen **25, 29, 33**
Friedrich-Wilhelm-Städtisches Theater, heute Deutsches Theater **96, 117**
Fritz Schmidt‘s Restaurant und Festsäle **98**
Fuchs, Wolfgang **79**

G

Galerie Art Acker **83**
Gärtner, Hermann **75**
„Gatow am See“ **96**
Geheime Staatspolizei (Gestapo) **102, 105**
Gerlach, Carl Friedrich Leopold von **29**
Gerlach, Karl Friedrich Otto von **29, 30, 122**
„Germania Theater“ **35**
Gerstenberg, Adolph **127**
Geschonneck, Erwin **96, 97**
Geschonneck, Käthe **96**
Gesellschaftshaus des Westens **137**
Gewerbeakademie **128**
Glaßbrenner, Adolf **112**
Gräbert, Julie, eigtl. Johanna Gräbert, geb. Pickenbach **33, 34**
Gräbert, Louis **34**
Grenander, Alfred **62**
Grenzfall gGmbH **91**
Grohnem, Willy **66**
Große, Jan **141**
Grunholzer, Heinrich **23**
Grzimek, Waldemar **139**
Gutzkow, Karl **23**
Gwinner, Anna von **141**

H

Haas, Architekten **140**
Haberlandts Bauten-Nachweis **60**
Hacke, Hans Christoph Friedrich Graf von **11**
Hagen, Markus **140**
Hahnemann, Helga **119**
Halsband, Bernhard **66**
Hamburger Kammerspiele **98**
Hammer, Birgit **142**
Hanse, Kai Architekt **141**
Hart, Jürgen **119**
Hasak, Max **131**
Hase, Karl Alfred von **103**
Haube, Milchhandlung **126**
Hauptmann, Gerhart **90, 91, 92, 145**
Heilsarmee **99**
Heine, Heinrich **110, 138**
Heinrich-Heine-Buchhandlung **6**
Heinrich-Heine-Denkmal **138**
Herrenbekleidungshaus „Norden“ **66**
Herrschel, Hasso **78**
Hesse, Paul **128**
Heuss, Theodor **51, 92, 94, 145**
Heyder, Friedrich Wilhelm **22**
Hildebrandt, Helmut **105**
Hildebrandt, Herbert **106**
Hildebrandt, Johannes **106**
Hildebrandt, Jörg **106, 107**
Hildebrandt, Regine, geb. Radischewski **107**
Hilfsverein der deutschen Juden **55**
Hindersin, Wilhelm **114**
Hinssen, Felix **51**
Hitler, Adolf **69, 93, 102, 105, 118**
Hobrecht, Arthur Heinrich Ludolf Johnson **41**
Hobrecht, James Friedrich Ludolf **38, 41, 42, 45**

HO Café Zentra **7**
Hochschule für Musik „Felix Mendelssohn Bartholdy“ Leipzig **119**
Höffner, Rudolf **115**
Höffner, Wilhelm **116**
Hopp, Julius **59**
Hosemann, Theodor **112, 113, 145**
Hotel Grenzfall **91**
Höxter, Leopold **59**
hmp, hertfelder & Montojo **127**

I
„Industriehaus Rosenthaler Tor“ GmbH **137**
Institut für Gerichtsmedizin **126**
Invalidenhaus **12**
Invalidenhaus-Kapelle **28**

J
Jacobowitz, Erich **66**
Jacobsthal, Johann Eduard **128**
Jahn, Friedrich Ludwig **114**
Jährig, Hans **138**
Jandorf, Adolf **56, 120, 135, 136**
Jasper & Partner Architekten **140**
Jelkmann, Carlo **137**
Johannes der Täufer **28**
Josty, Gebr. **132, 133**

K
Kathedrale von Coventry **143**
Katholische Kirchengemeinde St. Sebastian **58, 120, 130**
Katz Orange, Restaurant **133**
Keyling & Thomas **48**
Kircheisen, Karl David **12**
Klein, Fritz **102**
Kliemchen, Paula **93**
Kluge, Carl Alexander **24**
Knabenschule der Jüdischen Gemeinde, heute Moses-Mendelssohn-Gymnasium **67**
Kneipe MAX FISH **85**
Kneipenkollektiv „Schokoladen“ **82, 84, 85**
Knobelsdorff, Georg Wenzeslaus von **11**
Knobloch, Heinz **110, 144, 145**
Koch, Sebastian **79**
Kohlhoff + Kohlhoff **142**
Kollo, René **118**
Kollo, Walter, eigtl. Walter Kollodzieyeski **118**
Kollo, Willi **118**
Kommunale Wohnungsverwaltung (KWV) **83**
Kommunistische Partei Deutschlands (KPD) **50, 65**
Königliche Kunstakademie Düsseldorf **112**
Königliche Eisengießerei **33**
Königliches Konsistorium **27**
Königliches Opernhaus, heute Staatsoper Unter den Linden **15**
Königliches Polizeipräsidium **20, 21, 22, 27, 42**
Königlich-Preußisches Kammergericht **22**
Königliches Schauspielhaus am Gendarmenmarkt, heute Konzerthaus Berlin **121**
Königliches Seminar **35**
Konsum-Kaufhalle **6**
Koordinationsbüro zur Unterstützung der Stadterneuerung Berlins **86**
Koerner, Catharina geb. Josty **132**
KOSHERLIFE **9**
Kowohl, Max **138**
Kraaz, Johannes **137**
Krauss, Werner **96**
Krebitz, Nicolette **79**
Kreitz Kopf Henne Dahm – Freie Architekten **140**
Kroatische Mission in St. Sebastian **131**
Krupp, Alfred **128**
Küchenmeister, Klaus **116**
Küchenmeister, Wera **116**
Kultur Büro Elisabeth, vorm. Kulturbüro Sophien **134**
Kuntze, Eduard **19, 37, 144**
Kurmärkische Kriegs- und Domänenkammer **16**
Küstner, Karl Theodor von **118**

L
Labeau **21**
„Lachbühne“ **95**
Lachmann-Katz **136**

Lachmann, Louis **136**
Lachmann & Zauber **135, 136**
Lara, Alexandra Maria **79**
Lattermann, Klaus **133**
Lenz, Werner **116**
Lessing-Theater **92**
Leyden, Ernst von **126**
Lichtenberg, Bernhard **131**
Liebich, Constantin **89**
Lippert, Wolfgang **119**
„Lithographische Anstalt von Arnz und Winckelmann“ **112**
Loevy, Siegfried **35**
Lortzing, Albert **117**
Lublinski, Max **66**
Lüdicke **124**
Ludloff + Ludloff Architekten **141**
Luise Auguste Wilhelmine Amalie, Königin von Preußen **117**
Lüttich, Günther **68**

M

Mächtig, Hermann **122**
Mädchen-Volksschule der Jüdischen Gemeinde **67**
Magistrat von Berlin **22, 27, 28, 62, 109**
Mampe, Carl **115**
Mann, Heinrich **95, 145**
Metallurgiehandel VE Außen- u. Binnenhandelsbetrieb der DDR **8**
Mierau, Thomas **8**
Meyer, Dr. **21**
Meyer, Conrad Ferdinand **101**
Meyer, Gustav **122**
Meyer, Jaques **45, 48**
Meyer, Otto **48**
Meyerbeer, Giacomo **118**
Meyers Hof **44ff.**
Militäruntersuchungsgefängnis Tegel **105**
Möbel- und Warenhaus B. Feder **66**
Modehaus Aron **66**
Mode-Institut der DDR **56**
Mola + Winkelmüller Architekten **143**
Morand, Joseph **114**
Moreck, Curt, eigtl. Konrad Haemmerling **99, 145**
Moritz **132**
Moritz, Dirk **98**
Mottl, Felix **94**
Mühsam, Erich **40**
Mühsam, Rosalie, geb. Cohn **40**
Mühsam, Siegfried Seligmann **40**

N

Naked Lunch Restaurant **140**
Nationale Volksarmee (NVA) **76**
Nationalsozialistische Partei Deutschland (NSDAP) **65, 95**
Natorp, C. G. **20**
Naumann, Friedrich **93**
Neues Forum **6**
Neue Schule für Fotografie Berlin **137**
Niemöller, Martin **105**
Nike **57**
Nofretete **55**
Nordbahnhof **68, 76**
Norddeutsche Immobilien AG **50**
„Novembergruppe“ **94**

O

ocelot Buchhandlung **137**
ON architekten **143**
Orth, August Friedrich Wilhelm **43, 122**
Ostdeutscher Rundfunk Brandenburg, heute Rundfunk Berlin-Brandenburg (rbb) **107**

P

PEN (Poets, Essayists, Novellists) **100**
Peters Waldschmidt Womuth Architekten **140**
Pfarrernotbund **105**
Pflanz, Peter **8**
Phorms Education Campus Berlin Mitte **130**
Pickenbach **34**
Pietsch, Johann Gottfried **38**
Planungsgesellschaft von Kathen und Wall mbH **140**
Poelzig, Hans **94**
Postamt N 4 **68**
Praktische Unterrichtsanstalt für Staatsarzneikunde **126**
Preußische Akademie der Künste **94, 113**

R

Rathenau, Emil **53**

Rauch, Martin **143**
„Reconcillon" **143**
Reichenheimsches Waisenhaus **59**
Reichspost **69, 134**
Reichspostamt **69**
Reimann, Agathon **61**
Reinig, Christa **99, 100, 145**
Reitermann, Rudolf **143**
Rekitzky, Eduard **48**
Rheinische Zeitung **110**
Richter, Peter **140**
Richter, Roland Suso **79**
Riemer, Emil (Strohhut-Emil") **116**
Robert, Wilhelm **66**
Rodenberg, Julius, eigtl. J. Levy **46, 48, 144**
roedig.schop architekten **140**
Roediger, Ferdinand Ludwig **39**
Röntz, Ariane **128**
Rote Armee **69**
„Rote Fahne" **50**
„Rote Kapelle" **136**
Rothe, Katrin **87**
Rotte **21**
Rückert, Friedrich **114**
Rüddenklau, Wolfgang **123**

S
Sassenroth, Peter **143**
Schäche, Wolfgang **60, 144**
Schaeffer, Philipp **61, 136**
Scherchen, Hermann **94**
Schiffer, Frank **140**
Schiller, Friedrich von **34**
Schinkel, Karl Friedrich **28, 121, 130, 144**
Schlesische Weizenbierbrauerei **9**
Schlossbaukommission **113**
Schlosser Lamborelle Architekten **140**
Schlosserei Krüger **133**
Schöbel, Frank **119**
Schokoladen e. V. **82, 84, 85**
Scholz **124**
Schönberg, Arnold **94**
Schoening, Wolfgang Architekt **141**
„Schrippenkirche" **89, 90, 99**
Schultz, Ernst Sigismund Ferdinand **29**
Schwartzkopff, Louis **53**
Schwarz, Minna **91**
Schwechten, Franz Heinrich **130, 131**
Sehring, Bernhard **136**
Seidel, Heinrich Wolfgang **100, 102**
Seidel, Ina **100, 101**
Senatskanzlei – Kulturelle Angelegenheiten **137**
Sessioncafé **85**
Sesta, Domenico **78**
Siekmann, Ida **77**
Sigl-Dubbers Architekten **141**
Simon, Hans **123**
Simon, James Henry **55**
sinai. Gesellschaft von Landschaftsarchitekten GmbH **143**
Skate- und Streetballanlage am Pappelplatz **86**
Skibbe, Bernhard **8**
Sophienfriedhof **33, 37, 106, 109ff.**
Sophienkirche **27, 109, 118**
Sophien-Parochie **27**
Sorge Steudtner Architekten **140**
Sowjetische Militäradministration **71**
Sozialistische Einheitspartei Deutschlands (SED) **75, 77, 107, 145**
Spaghetti Western Restaurant **7**
Spandauer Vorstadt **27, 61, 80, 109, 118**
Spanier, Hermann **60, 61**
SPD (Sozialdemokratische Partei Deutschlands) **50**
Speer, Albert **52, 69**
Speisegaststätte Koch **7**
Spieker, Paul **128**
Spina, Luigi **78**
Sprachenkonvikt Berlin **116**
Sprinz, Robert **66**
Stalinallee, heute Karl-Marx-Allee **72**
Stauffenberg, Claus Schenk Graf von **105**
Stegen, Johanna („Heldenmädchen von Lüneburg") **114, 115**
Stein, Heinrich Friedrich Karl Reichsfreiherr vom und zum **19**
Steinbrecher **124**
Stephan, Anna, geb. Tomala **33**
Stephan, Heinrich von **33**
Stern, Arnold **66**
Stettiner Bahnhof, heute Nordbahnhof **68, 76**

Steyer, Johann Friedrich **38**
Steyer'sche Erben **38**
Stieglitz, Heinrich Wilhelm **109**
Stieglitz, Charlotte Sophie, geb. Willhöft **109**
Stiftung Edith Maryon **84**
Stirner, Max, eigtl. Johann Caspar Schmidt **110**
Stoecker, Adolf **89**
Stordeur, Britt **129**
St. Oberholz Restaurant **6**
St. Elisabeth-Gemeinde **38**
St. Paul, d. i. Wilhelm von Saint Paul **110**
Straßmann, Fritz **126**
Straßmann, Paul Ferdinand **126**
Strawinski, Igor **94**
Streckfuß, Adolf **113, 114**
Strousberg, Henry Bethel, eigtl. Baruch Hirsch Strousberg **43**
Stüler, Friedrich August **113**
Stutzki, Dr. Max **66**
Subversiv e. V. für linke Lebensqualität **85**
Sudermann, Hermann **97**
Synagogenverein Beth Zion **58**
Szymanski, Norbert **60, 144**

T

Technische Hochschule Charlottenburg **128**
TEN IN ONE **141**
Tergit, Gabriele **96**
Tessenow, Heinrich **137, 138**
Theater AckerStadtPalast **84**
Theater in den Unterwelten **9**
Theater Mirakulum **8**
Theaterverein „Thalia" **97**
Thiessen, Wolfgang Architekt **141**
Tivoli-Brauerei **133**
Töpferei Altenstein **83**
Tropp, Paul **130**
Tumarkin, Dr. Alexander **50, 51**
„Tunnel 29" **78**
„Tunnel 57" **78, 79**

U

Ullmann, Wolfgang **116**
„Umweltblätter" **123**
Umsonst-Laden **84**
Umwelt-Bibliothek **123**
„Union" Vereinigte Kaufstätten GmbH Berlin **56**
US-Administration **119**

V

Varnhagen von Ense, Karl August **114**
Vasconcellos, Josefina de **143**
Vater, Hermann **51**
VEB Berlin Kosmetik **139**
VEB Parat **75**
Verein „Dienst an Arbeitslosen" **89**
Versöhnungskirche **49, 58, 77, 105, 106, 143**
„Villa Elisabeth" **135**
Villa Massimo **100**
Virchow, Rudolf **126**
Volkspolizei **76**
„Vorstädtisches Theater" **34**
„Vorwärts" **50**
„Vossische Zeitung" **95**

W

Waesemann, Hermann Friedrich **113**
„Walhalla-Theater-Varieté" **95**
„Walhalla-Tunnel" **95**
Warenhaus Jandorf **56, 120, 135, 136**
Warenhaus Tietz **136**
Warenhaus Wertheim **56**
Wedding, Wilhelm **53**
Weigel, Helene **98**
Weinberger, Gebrüder **125**
Weizsäcker, Carl Friedrich von **122**
Weltpostverein **34**
Wenck, Ernst **129**
Werner, Georg **68**
Wertheim, Dr. **66**
Wiesecke, Heinrich Ferdinand **22**
Wilhelm I., König von Preußen, deutscher Kaiser **34**
Wilhelm II., deutscher Kaiser **35**
Wilhelmi, Ferdinand Friedrich **137**
Wirtshaus zur Stadt Gera **16**
Witting, Adolf Erich **45**
Wöhlert, Friedrich **53**
Wolff, Albert Moritz **115**
Wollank, Adolf Friedrich **33**
Wollank, Gottlieb Friedrich **33, 37, 109**

Wollanksche Familienstiftung **33**
Wollanksches Ausflugslokal **37, 138**
Wülcknitz, Baron Heinrich Otto von **19, 20, 22, 144**
Wülcknitzsche Familienhäuser **18ff., 28, 46, 47**

X
XTH-Architekten **141**

Z
Zacher, Johann Heinrich **125**
Zander, Adolf **118**
zanderroth architekten **140**
Zauber, Carl **135, 136**
Zentralfriedhof Friedrichsfelde **122**
ZHN Architekten **142**
Zille, Heinrich **45, 113, 125**
Zinner, Hedda **95**
Zionsgemeinde, heute Ev. Kirchengemeinde am Weinberg **103, 131**
Zoll- und Akzisemauer **5, 12**
Zuckmayer, Carl **96**

Ortsregister

A

„Ackerhalle“, ehem. Markthalle VI **54f, 129**
AckerPark **86**
Ackerstraße **5, 13, 37f, 43, 46, 53, 80, 83, 89, 96ff, 129, 140**
Ackerstraße 3 **85**
Ackerstraße 4 **85**
Ackerstraße 6/7 **66, 96**
Ackerstraße 8 **140**
Ackerstraße 9 **38**
Ackerstraße 14/15, Ackerhöfe **66, 120, 137**
Ackerstraße 18 **83**
Ackerstraße 23, „Ackerhalle“ **129**
Ackerstraße 34 **59**
Ackerstraße 36 **140**
Ackerstraße 37, St. Elisabeth-Kirchhof **33**
Ackerstraße 50, alte Nummerierung, heute Nr. 71–76 **53**
Ackerstraße 51 **89**
Ackerstraße 52 **89, 90**
Ackerstraße 71–76, vorm. AEG-Apparatewerk **52, 80f, 130**
Ackerstraße 132/133, ehem. Meyers Hof **44ff, 144**
Ackerstraße 136/137 **90**
Ackerstraße 144 **99**
Ackerstraße 146 **8**
Ackerstraße 148 **38**
Ackerstraße 156 **99**
Ackerstraße 158–161 **86**
Ackerstraße 168 **125**
Ackerstraße 169/170, Schokoladen e. V. **82, 84**
Alexanderplatz **5, 57, 128f, 144**
Alte Nazareth-Kirche **121**
Alter Garnisonfriedhof **91**
Am Nordbahnhof 3–5, vorm. Am Stettiner Bahnhof **68**
Am Neuen Tor **113**
Anhalter Bahnhof **100, 130**
Anklamer Straße **39, 83**
Anklamer Straße 14b **9**
Anklamer Straße 29 **127**
Anklamer Straße 31, Christuskirche **58**
Anklamer Straße 39/40, Gründerinnenzentrum Weiberwirtschaft eG **139**
Anklamer Straße 52 **139**
Anklamer Straße 60 **127**
Arkonaplatz **39, 127**
Artilleriestraße, heute Tucholskystraße **67**
Auguststraße **67**

B

Baden-Baden **102, 122**
Badstraße **28**
Barcelona **103**
Bartenstein **96**
Bartholomäus-Kirche **106**
Belle-Alliance-Straße, heute Mehringdamm **56**
Bergmannstraße 39–41, Dreifaltigkeitsfriedhof II **90**
Bergstraße **13, 37, 86f, 109, 119, 124, 143**
Bergstraße 5, Schule am Zillepark **138**
Bergstraße 15 **66**
Bergstraße 17 **140**
Bergstraße 18 **131**
Bergstr. 22, vorm. Nr. 23/24 **132**
Bergstraße 29, Sophienfriedhof II **109**
Bergstraße 58, vorm. Humboldt-Gymnasium, heute Papageno-Grundschule **128**
Bergstraße 67 **125**
Bergstraße 70 **124**
Bergstraße 81 **124**
Berliner Dom **106**
Bernauer Straße **6, 9, 37, 49, 58, 62, 71, 76ff, 80, 100, 143**
Bernauer Straße 4 **105**
Bernauer Straße 5-8d **141**
Bernauer Straße 8 **120, 141**
Bernauer Straße 10b **143**
Bernauer Straße 79 **78**
Bernauer Straße 97 **79**
Bernauer Straße 115–118, Lazarus-Krankenhaus **30**
Bernburger Straße **111**
Boitzenburg **100**
Bonn **30, 113**
Borsigstraße **58**
Borussia Säle **97f**

Brackenheim **92**
Brandenburg a. d. Havel **107, 112**
Brandenburger Tor **77**
Breslau **89, 91, 102f**
Brunnenstraße **6f, 9, 13, 28, 37, 43, 53, 56, 58f, 62, 67, 83**
Brunnenstraße 4 **66**
Brunnenstraße 5 **66**
Brunnenstraße 7 **85**
Brunnenstraße 8 **8**
Brunnenstraße 9 **141**
Brunnenstraße 11 **66**
Brunnenstraße 16 **59, 66**
Brunnenstraße 19–21 **56, 135**
Brunnenstraße 24 **135**
Brunnenstraße 28 **9**
Brunnenstraße 33, Talmud-Thora-Schule „Beis Zion", vorm. Synagogenverein Beth Zion **59**
Brunnenstraße 35, Theater Mirakulum **8**
Brunnenstraße 37 **8**
Brunnenstraße 41 **91**
Brunnenstraße 73–90 **43**
Brunnenstraße 112, heute Nr. 142 **34**
Brunnenstraße 119, heute Nr. 155 **59**
Brunnenstraße 120, heute Nr. 156 **59**
Brunnenstraße 143, Theater in den Unterwelten **9**
Brunnenstraße 148, vorm. Nr. 116 **94, 129**
Brunnenstraße 156 **124**
Brunnenstraße 165 **7**
Brunnenstraße 181, Brunnenhöfe, Bezirkszentralbibliothek Philipp Schaeffer, vorm. Stadtbücherei Berlin-Mitte **60, 75, 136**
Brunnenstraße 182 **66**
Brunnenstraße 183 **66, 84**
Brunnenstraße 184 **98**
Brunnenstraße 185 **66**
Brunnenstraße 187 **125**
Brunnenstraße 188–190 **8, 61, 137**
Brunnenstraße 191 **7**
Brunnenstraße 192 **66**
Brunnenstraße 192/193 **140**
Brunnenstraße 193 **85**
Brunnenstraße 194 **66, 85**
Brunnenviertel **71**
Bückeburg **116**
Burckhardthaus **78**

C
Charlottenburg **60, 67, 93, 128, 141**
Choriner Straße **6, 39**
Choriner Straße 4 **126**
Choriner Straße 12 **115**
Choriner Straße 84 **140**
Christuskirche **58**

D
Demminer Straße **43**
Deutscher Bundestag **116**
Deutsches Historisches Museum **142**
Deutsches Theater **96**
Dragonerstraße, heute Max-Beer-Straße **35**
Dreifaltigkeitsfriedhof II **90**
Düsseldorf **112**

E
Eiszeit-Spielplatz **86**
Elisabethkirchstraße **126, 142**
Elisabethkirchstraße 2 **140**
Elisabethkirchstraße 14 **126**
Elisabethkirchstraße 15 **140**
Elisabethkirchstraße 19/20 **138**
Elisabethkirchstraße 20/21 **141**
Elsässer [Elsasser] Straße, heute Torstraße **93**
Elsässer Straße 1/2 **67**
Elsässer Straße 10 **98**
Elsasser Straße 38, heute Torstraße 199 **93**
Ernst-Reuter-Siedlung **51**
Essen **128**
Evangelisch-methodistische Erlöserkirche **58**

F
Fehrbelliner Straße **39, 83**
Fehrbelliner Straße 45–48, Fehrbelliner Höfe **87, 140**
Flugzeug-Spielplatz **86**
Friedrichsfelde **122**
Friedrichstraße 104 **136**
Friedrichstraße 135 **113**
Friedrichvorstadt **56**

Friedrich-Wilhelm-Stadt **109**

G
Gartenplatz, vorm. Galgenplatz **58, 80, 109, 130**
Gartenstraße **5f, 16f, 19, 37, 51, 76, 109, 143**
Gartenstraße 1 **102**
Gartenstraße 5, Stadtbad Mitte **54, 63, 137**
Gartenstraße 6 **98**
Gartenstraße 10, alte Zählung **16**
Gartenstraße 10–17, Hemingway-Oberschule **138**
Gartenstraße 19 **66**
Gartenstraße 25 **128**
Gartenstraße 96 **35**
Gartenstraße 111–115, vorm. 92, 92a, 92b, 93 und 94 **19, 24**
Gartenstraße 115 **25, 66, 73**
Gartenstraße 158, heute Nr. 96 **35**
Gedenkstätte Berliner Mauer – Besucherzentrum **143**
Gedenkstätte Berliner Mauer – Dokumentationszentrum **91, 142**
Geldzählerbrunnen **129**
Gendarmenmarkt **118, 121**
Genf **94**
Gesundbrunnen **28, 62f**
Golgatha-Kirche **58, 122, 134**
Göttingen **116**
Gottleuba **116**
Griebenowstraße 15 **123**
Große Hamburger Straße **67**
Gründerinnenzentrum Weiberwirtschaft eG **139**
Gründerzentrum Factory **9**
Grundschule am Arkonaplatz **127**
Grunewald **102**
Gustav-Falke-Grundschule **57**

H
Hackescher Markt **5, 59**
Hamburger Tor **5, 11f, 19, 109**
Hamburger Tor 4 **16**
Hannover **34**
Harlem **103f**
Harz **104**
Hauptstraße **137**
Heilbronner Straße 6 **50**
Hemingway-Oberschule **138**
Hermsdorfer Straße, heute Max-Urich-Straße **53**
Hinter der katholischen Kirche **122**
Hinter Wollanks-Weinberg, heute Choriner Straße **126**
Hochneukirch **102**
Hochschule für Medien, Kommunikation und Wirtschaft (HMKW) **130**
Humboldthain **43, 53**
Humboldt-Gymnasium **54, 128**
Humboldt-Universität zu Berlin **99**
Hussitenstraße **53**
Hussitenstraße 4/5 **80, 134**
Hussitenstraße 23 **80, 130**
Hussitenstraße 71 **89**

I
Invalidenhaus **12**
Invalidenhaus-Kapelle **28**
Invalidenstraße **13, 96, 129**
Invalidenstraße 3 **121**
Invalidenstraße 4 **122, 135**
Invalidenstraße 4a **133**
Invalidenstraße 130/131 **68**
Invalidenstraße 134 **72**
Invalidenstraße 154 **140**
Invalidenstraße 158, „Ackerhalle“ **129**
Invalidenstraße 162–164 **67**

J
Jena **91**
John-Lennon-Gymnasium **6**

K
Kastanienallee **41**
Kastanienallee 67–69 **40**
Katholische Kirche St. Sebastian, Sebastiankirche **58, 120, 130f**
Kaufhaus des Westens (KaDeWe) **56**
Kleine Rosenthaler Straße **91**
Kölln **56**
Köln **33**
Komische Oper **136**
Königsberg **48, 94, 105, 118**
Konzentrationslager Buchenwald **105**
Konzentrationslager Flossenbürg **105**
Köpenick **96**

Köslin **115**
Kremmener Straße 15 **78**
Kreuzberg **122**
Kreuzbergstraße 44 **90**
Krumme Lanke **96**
Kulturbrauerei, vorm. Schultheiß-Brauerei **130**
Künstlerhaus am Acker e. V. **83, 85**
Kunst- und Kulturhaus ACUD **84f**
Kurfürstendamm **60, 96**
Kurfürstendamm 103/104 **60**
Kurfürstendamm 161 **60**

L
Lazarus-Krankenhaus **30, 37, 54, 59, 100**
Leipzig **117**
Leipziger Straße 25 **114**
Leipziger Straße 46–49 **136**
Lichtenberg **41**
Lichterfelde **100**
Linienstraße **5**
London **41, 46, 105, 117f**
Louisenstraße, siehe Luisenstraße **113**
Luisenstadt **53**
Luisenstraße 53 **118**
Lüneburg **114**

M
Märkisches Museum **99**
Max-Urich-Straße, vorm. Hermsdorfer Straße **53**
Mitte **18, 23, 49, 61, 65, 67, 69, 71, 78, 83, 87**
Moabit **28, 30**
Moses-Mendelssohn-Gymnasium, vorm. Knabenschule der Jüdischen Gemeinde **67**
Mülheim an der Ruhr **30**
Müllerstraße **62**
München **68, 93f, 100**
Musikgymnasium „Carl Philipp Emanuel Bach“ **57, 128**

N
Naumburg **116**
Nazareth-Kirche, siehe Alte Nazareth-Kirche **28, 121**
Neue Friedrichstraße, ehem. **35**
Neue Synagoge **67**
Neues Museum **113**
Neukölln **61, 63**
Neu-Voigtland **5, 10ff**
New York **103**
Nordbahnhof **68, 76**
Nowawes **11**

O
Oderberger Straße 61 **104**
Oranienburger Vorstadt **27, 92**
Oranienburger Straße **67**
Oranienstraße **89**

P
Pankstraße **116**
Papageno-Grundschule **128**
Pappelplatz **85f, 129**
Paris **22**
Paul Held Nachfolger, ehem. **64, 67**
Pest **33**
Pfarrhaus der Versöhnungsgemeinde **78**
Polizeipräsidium am Alexanderplatz **42, 57**
Potsdam **11, 103, 139**
Potsdamer Platz **133**
Potsdamer Straße **40, 62**
Prenzlauer Berg **6, 85**
Prinz-Albrecht-Straße, heute Niederkirchnerstraße **105**

R
Reichstag, heute Deutscher Bundestag **35, 93**
Reinhardtstraße **113**
Reinickendorf **41**
Rheinsberger Straße **39, 41**
Rheinsberger Straße 4/5, vorm. 8. Realschule, heute Musikgymnasium „Carl Philipp Emanuel Bach“ **57, 128**
Rheinsberger Straße 15 **59**
Rheinsberger Straße 73 **131**
Rheinsberger Straße 76/77, Gründerzentrum Factory **9**
Rixdorf, heute Neukölln **41, 62**
Rosenthaler Platz **4f, 6, 33, 62, 76, 91**
Rosenthaler Straße **41**
Rosenthaler Tor **5, 8, 12f,**

36, 61, 92, 137
Rotes Rathaus **113**
Ruppin (Neuruppin) **11**
Ruppiner Straße **83**
Ruppiner Straße 43 **140**
Ruppiner Straße 45 **140**
Ruppiner Straße 47/48, vorm. 25. Gemeindeschule, heute Grundschule am Arkonaplatz **127**

S

S-Bhf. Alexanderplatz **128**
S-Bhf. Bellevue **128**
S-Bhf. Nordbahnhof, vorm. Stettiner Bahnhof **68**
Schiffbauerdamm **113**
Schöneberg **56, 137**
Schönhauser Allee **33, 97**
Schönholzer Straße **38, 83**
Schönholzer Straße 7 **78**
Schönholzer Straße 10a **140**
Schröderstraße **7**
Schröderstraße 5, Evangelisch-methodistische Erlöserkirche **58, 133**
Schule am Zillepark **138**
Schulhaus Wedding **28**
Schumannstraße **117, 126**
Schwedter Straße, vorm. Verlorener Weg **6, 39, 41**
Schwedter Straße 231 **131**
Schwedter Straße 232–234, ehem. 89. und 96. Gemeinde-Doppelschule **57**
Schwedter Straße 246–248 **40**
Schwedter Straße 248 **40**
Schwedter Straße 267 **39**
Siegessäule **128**
Sophienfriedhof II **33, 37, 106, 108ff, 142f**
Sophienkirche **27, 109, 118**
Staatsoper Unter den Linden, vorm. Königliches Opernhaus **15**
Stadtbad Mitte, vorm. Volksbadeanstalt **6, 54f, 63, 109, 137f**
Stalinallee, heute Karl-Marx-Allee **72**
Steglitz **65**
Stettin **118**
Stettiner Bahnhof, heute Nordbahnhof **37f, 68f, 96, 101**
Stettiner Karree **96**
St. Elisabeth-Gemeindehaus **135, 142**
St. Elisabeth-Kirche **6, 19, 26ff, 37, 58, 69, 121f**
St. Elisabeth-Kirchhof **32ff**
St. Hedwigs-Kirche, heute St. Hedwigs-Kathedrale **131**
St. Johannes-Evangelist-Kirche **122**
St. Johannis-Kirche **121**
St. Pauls-Kirche **121**
Stralsunder Straße 54, ehem. 61. und 148. Gemeindeschule **57**
Strelitzer Straße 5/6 **86**
Strelitzer Straße 10–13 **86**
Strelitzer Straße 42, vorm. 207. und 210. Gemeindeschule, heute Gustav-Falke-Grundschule **57, 80**
Strelitzer Straße 53 **141**
Strelitzer Straße 54 **140**
Strelitzer Straße 54/55 **79**
Strelitzer Straße 63 **140**

T

Talmud-Thora-Schule „Beis Zion“ **59**
Tauentzienstraße **56**
Technische Universität **103, 128, 130**
Teltow **34**
Theater AckerStadtPalast **84**
Theater in den Unterwelten **9**
Theater Mirakulum **8**
Torstraße **5f, 13, 33, 41, 73, 83**
Torstraße 105–107 **134**
Torstraße 199 **93**
Treptow **93**
Tübingen **103**

U

U-Bhf. Bayerischer Platz **137**
U-Bhf. Bernauer Straße **62**
U-Bhf. Rosenthaler Platz **62**
Unter den Linden **15, 139**
Urban-Krankenhaus **57**

V

Venedig **110**
Verlorener Weg, heute Schwedter Straße **39**
Versöhnungskapelle **143**
Versöhnungskirche **49, 58, 76f, 105f, 143**

Veteranenstraße **56, 136, 138**
Veteranenstraße 14 **115**
Veteranenstraße 21, ACUD **85**
Veteranenstraße 24 **140**
Veteranenstraße 28 **115**
Vieh- und Schlachthof **43**
Viktoria-Luise-Platz **8**
Viktoriapark **122**
Villa „Hügel" **128**
Voigtlandstraßen, siehe: Acker-, Berg-, Brunnen- und Gartenstraße
Volkspark am Weinberg **33, 86**
Voltastraße **80**

W

Wedding **27f, 33, 49ff, 62, 65, 71, 78, 80, 90, 116**
Weddingplatz **62, 89**
Weidendamm **136**
Weinbergsweg **35, 37, 95f**
Weinbergsweg 10 **34**
Weinbergsweg 11 **34**
Weinbergsweg 12 **33**
Weinbergsweg 13 **59**
Weinbergsweg 18/19 **95**
Weinmeisterstraße 9 **136**
Weißensee **136**
Wetzlar **35**
Wien **117**
Wilhelm-Pieck-Straße, heute Torstraße **73**
Wilmersdorf **41, 67**
Wirtshaus zur Stadt Gera **16**
Wollankstraße, Pankow **33**
Wolliner Straße **80**
Wuppertal **62**

Z

Zehdenicker Straße 8b–10 **140**
Zehdenicker Straße 17/18, John-Lennon-Gymnasium **6**
Zellengefängnis Moabit **30**
Zentralfriedhof Friedrichsfelde **122**
Zentralmarkthallen **129**
Zille-Spielplatz **86, 109**
Zinnowitzer Straße **68**
Zionskirche **54, 122f**
Zionskirchplatz **39, 122**

Bildnachweis

Der Verlag bedankt sich für die freundliche Genehmigung zur Reproduktion ihrer Fotografien bei folgenden Personen und Institutionen:

o=oben, u=unten, li=links, re=rechts

Cover vorn: © **Klaus Bädicker**; Cover hinten: u r © **Kultur Büro Elisabeth/Jörg Frank**; Vor- und Nachsatz: © **Senatsverwaltung für Stadtentwicklung und Umwelt – Berlin**; **Ralph Petermann:** S. 40 o, S. 31 u, S. 32 o + u, S. 81 u, S. 82 o, S. 84, S. 108, S. 111, S. 120 l u, S. 143 u r; **Rosa Nitzsche:** S. 52 o + u, S. 55, S. 90, S. 120 u r, S. 121, S. 124 o + u, S. 125 o + u, S. 126, S. 127 l + r, S. 128, S. 129 o + u, S. 130 o + u, S. 131 o + u, S. 135 o, S. 135 o, S. 137 m + u, S. 138, S. 139 o + u, S. 141 o, S. 142 o; **Berlin Mitte Archiv:** S. 12, S. 29, S. 36 o, S. 54, S. 58, S. 61, S. 64 o; **Landesarchiv Berlin:** S. 14, S. 36 u, S. 44/Horst Siegmann, S. 47, S. 49, S. 64 u, S. 70, S. 73, S. 74, S. 76, S. 78; **Technische Universität Berlin, Architekturmuseum in der Universitätsbibliothek:** S. 18, S. 43/August Orth; **Kultur Büro Elisabeth:** S. 26 o/Jörg Frank; **Senatsverwaltung für Stadtentwicklung und Umwelt – Berlin:** S. 39; **Stiftung Berliner Mauer:** S. 77/Günter Malchow (Schenkung von Günter und Ursula Malchow); **Gütersloher Verlagshaus:** S. 88/Chr. Kaiser, S. 104; **Gerhart Hauptmann Museum Erkner:** S. 91; **Familienarchiv Heuss:** S. 92/Marth & Weber; **Landesarchiv Baden Württemberg:** S. 95/Willy Pragher; **Gemeindearchiv Jüchen:** S. 103; **Archiv Familie Hildebrandt:** S. 106; **Berliner Bäder-Betriebe, Stadtbad Mitte:** S. 137 r; **Weitere Bildquellen:** Friedrich F. A. Kuntze „Das alte Berlin“, Berlin 1939 - S. 10, S. 17; „Das große Zille-Buch“, 1925 - S. 23; alle weiteren Fotos: © **Wolfgang Feyerabend**

Der Verlag hat sich bemüht alle Rechteinhaber ausfinding zu machen. Eventuelle Auslassungen wird der Verlag bei entsprechendem Hinweis gern in einer folgenden Auflage korrigieren.

Bernauer Straße
Bernauer Straße
Rheinsberger Straße
Strelitzer Straße
Ackerstraße
Anklamer Straße
St. Elisabeth-Kirchhof I
Sophien-Kirchhof II
Dok Zentrum Berliner Mauer
Lazarus-Kranken- und Diakonissenhaus Fachschulen
Besucherzentrum Berliner Mauer
Gymnasium Carl-Philipp-Emanuel-Bach
Sporthalle
Berg-
Sporthalle
Papageno-Grundschule
Pappel-platz
Elisabethkirch-
Invalidenstraße
Nordbahnhof
Elisabeth-Schwarzhaupt-Platz
Gartenstraße
Sporthalle
Hemingway-Oberschule
Schröder-straße
Ackerstraße
Spielpl.
Sporthalle
Schule am Zille-Park
Erlöserkirche
Heinrich-Zille-Park
Stadtbad Mitte James Simon
Straße
Kita